Jelinek · Wolken.Heim.

Elfriede Jelinek

Wolken.Heim.

Nachwort von
Evelyne Polt-Heinzl

Philipp Reclam jun. Stuttgart

Der Text der vorliegenden Ausgabe folgt:
Elfriede Jelinek: Wolken.Heim. Göttingen: Steidl, 1990.
(Typographische Bibliothek. Gestaltet von Klaus Detjen. 1.)

RECLAMS UNIVERSAL-BIBLIOTHEK Nr. 18074

Gesamtherstellung: Reclam, Ditzingen. Printed in Germany 2009

ISBN 978-3-15-018074-7

www.reclam.de

Dank an Leonhard Schmeiser
(»Das Gedächtnis des Bodens«)
und Daniel Eckert.

Wolken.Heim.

Da glauben wir immer, wir wären ganz außerhalb. Und dann stehen wir plötzlich in der Mitte. Heilige, die im Dunkel leuchten. Wir sind immer fassungslos, wenn auch nur einer uns im Gedächtnis behält, über eine Zeit hinaus. An den Wegrändern sprechen sie seit Jahren und Jahren heimlich über uns. Das bilden wir uns nicht ein! Ein schönes Gefühl, in der Nacht über unsre Autobahnbrücken zu fahren, und unten strahlt es aus den Lokalen: noch mehr Menschen wie wir! Ein heller Schein. Die Figuren, Fremde wie wir, Reisende, strömen in die Busbahnhöfe, um sich zu verteilen, von Ort zu Ort, und wir kommen über sie wie der Regen, der zeitig in der Früh die Schuhe durchnäßt. Oder eines Tages an einer Wegkreuzung, wo wir uns stauen, Menschenfluten. Dort ist nichts, aber es strotzt vor lauter Zeichen von uns. Nach uns kommen andere, aber wir sind nicht nichts! Uns wird der Kopf schwer von uns. So zu fahren, das macht uns einzigartig. Da können sich noch so viele Schienen überkreuzen, wir liegen übersichtlich vor uns und den anderen Wanderern, gute, markierte Wege. Jetzt sind wir zuhaus und erheben uns ruhig.

Regt sich ein Sturm, wird das Jahr kalt, dann geht das Licht über unser Haupt, wir sind bei uns. Wo lebt Leben sonst? Schön bei sich sein. Wie wenn am Feiertage, das Feld zu sehn, ein Landmann geht, des Morgens, wenn aus heißer Nacht die kühlenden Blitze fielen die ganze

Zeit und fern noch tönet der Donner. Wir schaudern vor den andren. Wir führen uns ebene Wege. Wir weichen nicht aus, denn wir gehören uns. In sein Gestade wieder tritt der Strom, und frisch der Boden grünt. Schön bei sich sein und bleiben, und es trinken himmlisches Feuer jetzt die Erdensöhne und kommen zu uns ins öde Haus. Es gibt uns. Es gibt uns. Wir sind allein, aber schön bei uns. Des Vaters Strahl, der reine, versengt uns nicht und tieferschüttert, die Leiden des Stärkeren mitleidend, bleibt in den hochherstürzenden Stürmen des Gottes, wenn er uns naht wenn er uns naht. Wir sind bei uns zuhaus.

Gerettet. Das Licht scheint auch den Toten, aber wir machen uns breit drunter, liebliche Gärten. Die Freiheit das einzig Wahrhafte des Geistes. In uns haben wir unsre Mitte und sind zuhaus. Droht uns der Nordwind auch, wir fallen nicht von den Ästen ins Laub. Wir bleiben sitzen. Ruhig lächeln wir. Daheim. Wir haben nicht die Einheit außer uns, wir haben sie gefunden, sie ist in uns selbst und bei uns selbst. Die Freiheit. Die Materie hat ihre Substanz außer ihr, der Geist aber ist das Bei sich selbst Sein. Wie wir. Wie wir. Zuhaus sein. Bei sich sein. Verharren und es kommen sehn! Und was wir sahn, das Heilige, ist unser Wort. Und hielten wir uns in der Nacht, wir wären doch geduldig in unserm Bann und lächelten uns an. Wir wären uns gewohnt und wohnten unter uns. Wir glauben uns. Zu Haus sein, wenn Hohes wir entwerfen, so ist von neuem an den Zeichen, den Taten der Welt jetzt ein Feuer angezündet. Und wir, in Knechtsgestalt, doch Herren, aus denen der Laut des Herrschens quillt, wir sind erkannt. Zuhaus sein, von dort die andern sehn mit ihren stumpfen Stirnen, begraben im Boden wie Gold, Untote, wir aber sind zuhaus, wo wir hinwandeln zwischen Himmel und Erd und unter den Völkern das erste. Des gemeinsamen Geistes Gedanken sind, still endend, in unsrer Seele. Wir bezeugen uns: wir sind hier.

Uns gehören wir.

Wir sind bei uns. Nach festem Gesetze, wie einst, aus heiligem Chaos gezeugt, fühlt neu die Begeisterung sich, die Allerschaffene wieder. Es reißt uns hinauf, und nichtig fallen wir wieder zurück in Gefängniswände, doch hier sind wir. Egal, was über den Köpfen uns hängt. Wir sind hier. Unser Haus, gefüllt mit unserer Sprache, die auf uns ruht wie die Natur, die uns wiegt. Sprache und Leben, und sinnlos das übrige. Wir sitzen selig mitten im Leid. Wir stehen auf, weil alles Warten und Gedulden doch vergebens war, und wir wie Pappeln blühen. Unser Wort genügt. Doch die Jahre der Völker, sah ein sterbliches Auge sie? Haben wir sie verkürzt, daß sie tiefer sich beugen, daß die leisesten Saiten ihnen verstummen vor uns? Daß enden mögen mit Freuden sie vor uns? Oder geduldig auch wohl im furchtsamen Bann wohnen, vor uns? Wenn sie alle, mit denen wir vormals trauerten, wenn unsre Städte nun hell und offen und wach, reineren Feuers voll sind und es auf andre werfen, wo einst die Musen waren. Wir sind wir. Zu eng begrenzt unsre Lebenszeit, zu enge Grenzen, wir schießen hervor, wir quellen wie Laut aus der Brust, wir gönnen den andern keine Blicke. Wir sind wir und scheuchen von allen Orten die anderen fort. Es rinnt uns Geist von der Stirne. Zu eng begrenzt unsre Lebenszeit. Die Orientalen wissen es nicht. Sie wissen nur, daß Einer frei ist, aber ebendrum ist solche Freiheit nur Willkür, Wildheit, Dumpfheit und Leidenschaft, und die Milde ein Zufall. Wir aber wir aber wir aber. Wir Lieben! Auch uns, so will es scheinen, kann niemand von der Stirne nehmen den Traum! Aber wir Guten, auch wir sind tatenarm und gedankenvoll! Wir! Aber kommt, wie der Strahl aus dem Gewölke kommt, aus Gedanken vielleicht, geistig und reif die Tat? Folgt die Frucht, wie des Haines dunklem Blatte, der stillen Schrift? Und das Schweigen im Volk, ist es die Feier schon vor dem Fest? Oder die Ruh vor dem Sturm? Oder der Wind, der vor dem Gewitter herfliegt? Oder wer scheucht uns hier fort, wir sind hier zuhaus! Wir sind hier zuhaus.

Vernehmlich sind wir laut, nie schlummern wir hinunter. Es gehört uns. Ohne Namen und unbeweint sind die andern. Wir sind hier zu Recht! In unsren Tälern wacht unser Herz uns auf zum Leben. Wir Wanderer, doch wir kommen wieder! Wir sind, unser gewohnt, weiter gegangen als wir wollten, doch wir kommen zurück. Wir blicken hinüber, den Nachbarn nicht fürchtend, wir treten ihm aufs Haupt. Wild ist und verzagt und kalt von Sorgen das Leben der Armen, und doch sind sie zuhaus. Es gehört ihnen, sie gehn ruhig ihre Bahn. Und die Zeit wächst. In unsren Tälern wacht unser Herz uns auf zum Leben. Wir Wanderer. Aber auch indem wir die Geschichte als diese Schlachtbank betrachten, auf welcher das Glück der Völker, die Weisheit der Staaten und die Tugend der Individuen zum Opfer gebracht worden, wo entsteht dem Gedanken, so entsteht dem Gedanken notwendig auch die Frage, wem, welchem Endzweck diese ungeheuersten Opfer gebracht worden sind. Wer hat es begonnen? Wer brachte den Fluch? Die zuerst das Maß verloren, unsre Väter, sie wußten es nicht, aber sie wollten es, es trieb ihr Geist sie. Unstet wehn, dem Chaos gleich, dem gärenden Geschlecht die Wünsche umher. Und sie treiben mit ihnen herum, schlau lächelnd. Die Hand strecken wir nach dem Nachbarn aus, um seine Wege in die sträubenden Wolken zu lenken und uns an seine Stelle zu setzen und auszuruhn. Wir brauchen Raum. Wir brauchen Ruhm! Wir sind noch nicht fertig. Es gehört uns, wir sind nicht von gestern. Froh kehrt der Schiffer heim an den stillen Strom, von Inseln fernher, wenn er geerntet hat. So kommen wir zur Heimat, und hätten wir auch Güter so viele wie Leid geerntet. Ihr teuern Ufer, ganz gehört ihr uns, und ein goldener Herbst verwandelt dem armen Volk in Gesänge die Seufzer. Wir sind bei uns daheim. Und die Selbstsucht steht am ruhigen Ufer und von da aus sicher genießt sie des fernen Anblicks verworrene Trümmermasse. Die andern haben auf eigenem Boden nicht das Sagen. Wir spülen sie fort mit unsren Schläuchen. Schlau sitzen wir auf ihren Plätzen und klar sind unsre Augen. Es gehört uns. Verehrte sichre Grenzen, der Mutter Haus und liebender Geschwister Umarmungen begrüßen uns bald und ihr umschließt uns, daß, wie in Banden, das Herz uns heile. Das Dach der Bäume umschließt unsre geselligen Füße. Tag und Nacht gehn über uns still hinweg, wir kauern uns zusammen und betrachten uns und was andre uns brachten. Wir erfreuen uns an der Nachbarn dämmrigen Gestalten. Drum steigen wir in unsre Busen nieder, gleich einem Schacht, vieltausendfacher Schrei, und graben, kalt wie Erz, uns ein vernichtendes Gefühl hervor. Da sind sie, die andern! Jagt sie, bis seliger Tage Erinnerung sie gewesen sein werden. Sie sollen das Zeitliche segnen! Wie leergetrunkene Flaschen träufeln auf unsren Boden, der uns aufnimmt und, Untote, wieder ausspuckt. Fern noch tönt unser Donner. Wir sind hier. Dort sind die andern. Aber wir nicht, wir nicht! Wir gehören uns. Und immer wieder, wie Kinder, schuldlos sind unsre Hände.

Die Neger, sehn wir sie an, sind als eine aus ihrer uninteressierten und interesselosen Unbefangenheit nicht heraustretende Kindernation zu fassen. Sie werden verkauft und lassen sich verkaufen, ohne alle Reflexion darüber, ob dies recht ist oder nicht. Das Höhere, welches sie empfinden, halten sie nicht fest, dasselbe geht ihnen nur flüchtig durch den Kopf. Sie blühn bewußtlos an ihren Ufern. Ach, wie gebrechlich ist der Mensch! Noch vor kurzem, hoch auf des Lebens Gipfeln, rauschten wir!
Hinaufgerissen hat's uns in den Schnee, uns junge Helden, Wange an Wange, mühelos tönend von unsrem Gesang. Und jetzt sind wir wieder zuhaus, unser Wirken fördert eine stillere Sonne. Die andren sind unten, tief im Tal. Wir aber, wir aber! Sind wieder zuhaus, schlafen und frieren am kalten Ufer geduldig, aber zuhaus. Bei des Fremdlings besondrer Stimme stehen die Herden auf, es regen sich die Wälder, es hört tief Land den Stromgeist fern, und schaudernd regt im Nabel der Erde der Geist sich wieder. Wir aber, wir lassen alle ruhen auf ewig. Wir aber stehn wieder auf. Wir gehören her und pflegen uns mit sorgender Liebe. Wir sind nicht die andren. Wir sind in uns, und sogar Gott bleibt draußen, er

donnert und wird nicht erkannt. Wir brauchen ihn nicht. Für unsern Geist muß Gott mehr als ein Donnerer sein. Er geht mit uns, er gehört uns, oder er kann gehn. Wir brauchen nur uns! Bei den Negern aber führt nichts zum Bewußtsein eines Höheren. Der erste beste Gegenstand, den sie zum Genius erheben, ein Tier, ein Baum, ein Stein, wird ihre Macht. Wir sind wir! Gott, dort droben, er gehört uns! Nur uns rettende Stätte, nicht den andern. Oder er kann gehn. Die Neger. Nichts ihnen Verschiedenes, sondern gleichgültig was, die Willkür bleibt Meister ihres Bildes. Wir aber, uns segnet er, denn er kennt und gehört nur uns. Was schlafen sie, die Bergsöhne? Kennen drunten vom Vater die Boten nicht! Sie kommen zu uns! Doch wären wir nicht, niemandem tönte es in der Brust, über alles wandelt Gott hinweg, nicht aber über uns! Wir halten ihn, damit unser Traum nicht ende. Und tief quillt's, wenn hoch im Felsen wir schlafen, uns auf. Im Zorne reinigen wir, die Gefesselten, uns. Und mit liebenden Armen häufen wir Himmel uns auf die Schultern. Und wie Furien zerstören wir Nachbarschaft, wo andre gewachsen sind. Die müssen fort! Nur uns leuchtet über festem Boden das Leben.

Hiermit tritt dann das Germanische Reich, das vierte Moment der Weltgeschichte ein: dieses entspräche nun in der Vergleichung mit den Menschenaltern dem Greisenalter. Immer waren wir hier! Das natürliche Greisenalter ist Schwäche, das Greisenalter des Geistes aber ist seine vollkommene Reife, in welcher er zurückgeht zur Einheit, aber als Geist. Wir sind bei uns, unser Eigentum. Zufrieden reifen wir in unsrer Glut und blicken geschäftig zum Himmel, was kommt. Wir wissen es, denn wir wurzeln im Grund. Und werfen alles wie Kinder die Steine in den Abgrund, von Fels zu Fels. Wo, begehrt auf der Erde überall, könnten wir uns niedersetzen als hier, als hier. Wohl tut die Erde, zu kühlen. Wir haben den langen Weg zu machen. Bis wir bei uns sind, aber dann, aber dann, aber dann, wir sind unser Ziel! Und wir sind hier. Wir sind angekommen. Im Finstern wohnen die Adler, und furchtlos gehen wir Söhne über den Abgrund weg auf schmalen Straßen. Drum, da gehäuft sind rings die Gipfel der Zeit, und die Liebsten nah wohnen, ermattend auf getrenntesten Bergen, so gib unschuldig Wasser, so eil über unsre Hände, damit das Beste wir halten. Wir gehören uns und behalten alles. Wir schlafen über alles, aber einmal stehn wir auf. Und schauen in fremde Wohnungen, betasten alles und nehmen uns auf. Es gehört uns. Wartet nur! Was das Auge faßt, gehört uns. Die Länge der Zeit ist etwas Relatives, und der Geist gehört der Ewigkeit an. Eine eigentliche Länge gibt es für ihn nicht, und wir sind wir und dauern fort, wir sind noch fern, aber gleich sind wir da, Engel der Geschichte. Wir dauern fort, im Zwielicht, da wir gingen, im schattigen Wald, durch die Bäche der Heimat. Sie gehört uns. Wir! Nimmer kennen wir die Länder, doch bald, in frischem Glanze, geheimnisvoll im goldenen Rauche, blüht schnellaufgewachsen, eines, das wir nicht kennen. Und wir nehmen es uns. Wir sind fremd plötzlich. Aber wir nehmen es uns. Wir nehmen es plötzlich. Geblendet suchen wir uns, wir sind von Fremdem umschattet. Hier sind wir schon! Und finden außerdem im Osten die slawische Nation, die sind wir nicht! Die sind wir nicht! Ein Teil von ihr ist von der westlichen Vernunft erobert worden. Dennoch aber bleibt diese ganze Masse aus unsrer Betrachtung ausgeschlossen, weil sie bisher nicht als ein selbständiges Moment in der Reihe der Gestaltungen der Vernunft in der Welt aufgetreten ist. Ob dies in der Folge geschehen werde, geht uns nicht an, denn in der Geschichte haben wir es mit Vergangenheit zu tun. Wir sind uns selbst kein Rätsel. Wir finden schlafend uns in diesem Tal, das einer Wiege gleich uns bettet. Wie Federn umwehen uns die Lüfte, eine Göttin scheint uns zu pflegen, oh, ihr Freunde! Bleibt, wenn ihr seid wie wir! Da erwachen wir und blicken wie ein neugebornes Glück uns an. Und offen liegen wir vor uns wie ein schönes Buch, das sanft den Geist zaust. Und gehn wir noch so sehr in die Tiefe, wir können uns nicht fassen und unsre Gebärden nicht. Schon längst ist uns der Boden entzündet, der uns aufnimmt und wieder hergibt. Uns ist gegeben, an keiner Stätte zu ruhn. Der Boden hält uns nicht, er gibt uns wieder her. Es zieht des Lebens Forderung uns ab zuweilen, denn das Gemeine will ein Opfer auch, doch immer kehrn wir wieder zu dem vertrauten Geist zurück, der in der Götter, unsrer Sprache uns die Welt erklärt. Die uns gehört. Und kein Geheimnis uns verbirgt als das Geheimnis nur von unsrer eignen Schönheit, das selbst ergründet werden muß. Nun sind wir hier, verschlossne Briefe, aber hier. Vor uns liegen wir, Untote, im Staub. Und kommen wieder hervor aus dem Boden, ewig sitzende Kinder auf Stühlen und Bänken, übertönt von unsren eigenen Lauten, die wir stammeln. Der Boden faßt uns nicht. Wir suchen das Weite und fassen es. Wir fassen es, und es gehört uns für immer.

Wir sind bei uns, erdentrückt. Auf der Erde kommen wir nicht zur Ruh, noch als Begrabene bleiben wir gegenwärtig, und wir kommen wieder, wir kommen wieder! Der Boden ist unser Übergang, hinüber ans Ende der Zeiten. Das Ende der Geschichte ist uns mißlungen. Sie kommt immer wieder auf uns zu, rasend auf ihren Schienen. Warum stirbt sie nicht? Was haben wir getan? Was haben wir getan? Warum wächst ihr die Hand aus dem Grab? Und zeigt auf uns? Wir wollen vergessen werden. Nur bei uns sind wir zuhaus. Die Blindesten aber sind Göttersöhne, denn es kennt der Mensch sein Haus und dem Tier ward, wo es bauen sollte. Doch jenen ist der Fehl, daß sie nicht wissen wohin, in die unerfahrne Seele gegeben. Denn wie wir anfingen, werden wir bleiben, soviel auch wirket die Not und die Zucht. Das meiste nämlich vermag die Geburt, und der Lichtstrahl, der dem Neugeborenen begegnet. Hier sind wir, aus heiligem Schoße glücklich geboren, in Städten, die wir gegründet haben. Und doch, zur Ruhe kommen wir nicht im Boden. Unsre Geschichte ist die der Toten, bis der Boden endgültig verstummt. Nicht lieben wir, wie andre Kinder, in Wickelbanden zu weinen. Lachend zerreißen wir die Schlangen und stürzen mit der Beut. Und wenn in der Eil ein Größrer uns nicht zähmt, uns wachsen läßt, wie der Blitz müssen wir die Erde spalten, in der wir rastlos liegen, und die Bezauberten fliehn die Wälder uns nach und, zusammensinkend, die Berge. Wir sind hier. Wir sind angekommen und ruhn uns aus. Keiner will sparen uns das eilende Leben. In seiner Höhle suchen wir den Wolf. Es kann nicht fehlen, glaubt es uns, es geht für alles ja, was heilig ist und hehr, für Tugend, Ehre, Weib und Kind und Leben. Denn die kranke, abgestorbne

Eiche steht dem Sturm, doch die gesunde stürzt er nieder, weil er in ihre Krone greifen kann. Nicht jeden Schlag ertragen soll der Mensch, und welchen Gott faßt, denk ich, der darf sinken. Wir, wir Menschen fallen ja nicht für Geld, auch nicht zur Schau. Wir sind hier, in den Boden zu sickern wie Wasser. Von Klippe zu Klippe geworfen, Jahr lang ins Ungewisse hinab.

Geh zu deinen Freunden, die du dir gewählt, dort steht ein Mensch, den kenn ich! Aber komm wieder! O nehmt uns, nehmt uns mit in die Reihen auf, damit wir einst nicht sterben gemeinen Tods! Umsonst zu sterben, lieben wir nicht, doch lieben wir, zu fallen am Opferhügel fürs Vaterland, zu bluten des Herzens Blut fürs Vaterland – und bald ist's geschehn! Zu euch, ihr Teuern! Komm ich, die mich leben lehrten und sterben, zu euch hinunter! Der Boden faßt uns alle, und, mit unsern Körpern getränkt, nehmen wir ihn uns wieder. Laßt uns schreien, denn wir wollen wieder geboren werden! Aus der Erde, die uns gehört, nachdem wir die Nacht verjagt haben. Sie gehört uns! Wir wohnen hier! Brüderlich ist's hier unten bei uns, und Siegesboten kommen herab von euch. Lebe droben, o Vaterland, wir, hier unten, achten auf dich und stoßen die Schätze des Bodens mit unsern müden Füßen ans Licht. Zähle nicht die Toten! Dir, Vaterland, Liebes, ist nicht einer zu viel gefallen. Zu lang schon walten wir unter den Füßen der andern, jetzt ist es Zeit, du in der dunklen Wolke, Gott der Zeit! Jetzt kommen wir und sind zuhaus dort unten. Die Erde bebt. Wir zittern dort in unsrer eignen Kälte und wärmen unsre Körper aneinander. Hier sind wir alle. Und einmal treten dann endlich wir in vollendeter Klarheit heraus. Leben das Neue oder lassen das Nichtige wenigstens entschieden fallen und stehen aufmerksam da, ob irgendwo der Fluß des Lebens uns ergreifen wird oder, falls wir nicht so weit wären, die Freiheit wenigstens ahnen und sie nicht hassen oder vor ihr erschrecken, sondern sie lieben. Wir wir wir! All diese ursprünglichen Menschen wie wir, ein Urvolk, das Volk schlechtweg. Deutsche! Deutsche! Deutsche!

Doch die Fremden, die nicht zu uns gehören, von fernen Städten geschäftiger Lärm. Im Geblätter rauscht es und schimmert. Der Boden, in dem wir liegen, schwankt, ein furchtbarer Schlag durchdröhnt ihn. Wir kommen heraus! Hinter uns andre Wanderer, sie folgen unsrem Andenken. Nicht eine Träne kosten sie uns! Ergeben sich drein, ein Zweites zu sein, und Abgestammtes. Ein Anhang zum Leben sind sie, das von ihnen, oder neben ihnen, aus eignem Triebe sich regte, ein vom Felsen zurücktönender Nachhall einer schon verstummten Stimme, sie sind, als Volk betrachtet, außerhalb des Urvolks, und für dasselbe Fremde, und Ausländer. Sind nicht wie wir, nicht hier zuhaus in unserm Boden und werden vom Gebirge nicht gehalten. Der ernste Wald, er birgt sie nicht. Mit Wolken tränkt das Gewitter dich, du dunkler Boden, Ruhestätte, aber mit Blut der Mensch. So schweigt, so ruht er, der sein gleiches droben und drunten umsonst erfragte. Ruht sich aus. Wo spricht sich aus das Herz, wo ruht es endlich? Bei uns, im Boden sind wir heimisch. Wo wirds wahr, was uns, bei Nacht und Tag, zu lange der glühende Traum verkündet? Hier, wo die Opfer fallen, zu uns herabfallen, hier, ihr Lieben, hier!

Wir sehen uns, in unsern Gräbern, es ist kein Zweifel mehr. Mit einer Silbe ins Unendliche gesprochen, ein Wort sind wir, ein Anfang, ein Gedanke noch, doch schreiten schon zur Tat herauf. Wir! Hinterm Fenster, wo der Sturm die Schwingen uns aufregt, lächelnde Beute. In der Nation, die bis auf diesen Tag sich das Volk schlechtweg oder Deutsche nennt, ist in der neuen Zeit Ursprüngliches, wenigstens Ursprüngliches an den Tag gebrochen, und Schöpferkraft hat sich gezeigt. Neues! Und wer an ein festes beharrliches, und totes Sein glaubt, der glaubt nur darum dran, weil er in sich selbst tot ist und, einmal tot, kann er nicht anders, als dran glauben. Die Tiefe verführt uns, der Boden spricht vom Gestein, in dessen Nischen wir liegen. Wir kennen die Tiefe und was in ihr wächst. Wir sind es. Wir haben diesen Glauben an den Tod, im Gegensatz mit einem ursprünglich lebendigen Volke Ausländerei genannt. Diese Ausländerei wird, wenn sie einmal unter den Deutschen ist, sich auch im wirklichen Leben derselben zeigen, als ruhige Eingebung in die Notwendigkeit des Seins, als Aufgeben aller Verbessrung unsrer selbst oder andrer durch Freiheit. Wir müssen hier bleiben, in der Erde, die Steine fallen herab und töten. Denn nicht ratsam ist es, uns Helden zu trotzen. Schon wogen wir hinab von unsern Hügeln, hinab ins Tal, wo keck herauf die Würger dringen, sicher der Kunst und des Arms, doch sichrer kommt über sie die Seele der Jünglinge, denn wir Gerechten schlagen, wie Zauberer, und unsre Gesänge lähmen die Knie der Ehrlosen. O nehmt uns nehmt uns mit in die Reihen auf! Und laßt uns bei uns bleiben!

Der Deutschen gedenken die Deutschen gewöhnlich zuletzt, entweder aus Bescheidenheit, oder weil man das Beste für das Ende aufspart. Noch sind wir ein Wort, doch reifen schon zur Tat. So scheidet der Boden jene, die fremd, ahnungslos sich ihm nähern, von jenen, die seine Gesetze kennen, den Einheimischen. Nur wir wohnen hier! Tödlich ist unser Boden den Fremden. So wollen wir die Witterung benutzen, sie wolln nach unsern Häuptern greifen, sie wollen es, nun, so greifen wir schnell nach ihren! Wie Fluten am Gestade, wogen höher und höher die Wandelbaren. O ihr Guten, auch wir sind tatenarm und gedankenvoll! Aber kommt, wie der Strahl aus dem Gewölke kommt, aus Gedanken vielleicht, geistig und reif die Tat? Folgt die Frucht, wie des Haines dunklem Blatte, der stillen Schrift? Brüder der Arbeit, die uns, wie Erz, aus dem Boden heben. Aus Nichts, ins Nichts. Und wir Alraunen schrein, wenn man uns ausreißt aus unsrem geweihten Gebirg. Alle sind Brüder, die aus demselben Blute kommen und ein gemeinsames Schicksal haben. Und das schönste ist, daß wir selbst unsre Worte zur Wahrheit machen. Wir Jungen tasten uns voran. Und dann sehen die Ausländer in Deutschland nicht, was unter der Decke liegt. Unter dem Haar des Bodens, drunten, in der Erde. Wir sind es! Und unser Wort ist am Boden festgebunden, in uns. Wir werden geschichtet, Gerippe der Geschichte, zu Bergen, über die rauschend die Wasser stürzen, wie werden wir, die gewaltigen Massen, emporgeschichtet, wo sammelt der Bergstrom seine Wasserfülle, die aus geheimer Kluft mächtig hervorbricht? Was hält uns zusammen, bevor wir hinausschießen, Wasserfluten, in die Ebene? Nie mehr gebändigt unter Bäumen und Gebüschen im Wald, unter den Felsen und Grotten der Einöde. Man muß uns nur Zeit lassen, wir sind noch nicht fertig. Wir tasten uns voran, bald sind wir zuhaus. Wann erscheinest du ganz, Seele des Vaterlands, daß wir tiefer uns beugen, daß die leiseste Saite selbst uns verstumme vor dir, daß wir beschämt, eine Blume der Nacht, himmlischer Tag, vor dir enden mögen mit Freuden. Wenn sie alle, mit denen wir vormals trauerten, wenn unsre Städte nun hell und offen und wach, reineren Feuers voll und die Berge des deutschen Landes Berge der Musen sind, wie die Herrlichen einst, und rings unter des Vaterlands goldnem Himmel die freie Freude glänzt, dann sind wir zuhaus. Und die Deutschen haben Gemüt, diese Totalität des Geistes in Beziehung auf den Willen, worin der Mensch auf ebenso allgemeine und unbestimmte Weise die Befriedigung in sich hat. Wir sind wir und wohnen gut in uns. Dort leuchten Lichter auf. Die Stadt! Wir liegen ruhig und können nicht herauf. Zerstört muß werden, wenn neu geschaffen werden soll. Wohl ist eng begrenzt unsre Lebenszeit, unserer Jahre Zahl sehen und zählen wir, doch die Jahre der Völker, sah ein sterbliches Auge sie? Wenn die Seele uns aber die eigene Zeit sich, die sehnende, schwingt, trauernd verweilen wir dann am kalten Gestade bei den Unsrigen und kennen sie nie. Und die Künftigen auch, sie, die Verheißenen, wo, wo sehen wir sie, daß wir an Freundeshand uns einmal wieder erwärmen? Denn kalt ist's bei uns. Was suchen wir bei den Toten? Das Leben! Wir warten auf unsre Zeit.

O Vaterland, sie ernten den Gedanken, den Geist von dir. Sie pflücken gern die Traube, doch höhnen sie dich, ungestalte Rebe! Du Land, wo wir zuhaus sind! Unterm

Boden gefesselt, wir sind der Sockel, der die Statuen der Sieger trägt. Du Land der Liebe! Sind wir die Deinen schon, oft zürnen wir weinend, daß du immer blöde die eigene Seele leugnest. Oft standen wir überschauend das holde Grün, den weiten Garten hoch in deinen Lüften auf hellem Gebirg und sahn dich. An deinen Strömen gingen wir und dachten dich und warn zuhaus. Indes die Töne schüchtern die Nachtigall auf schwanker Weide sang. Und wir darunter, unsre Sprache ist tief, und wir sprechen die Sprache der Tiefe. Gehobene Schätze, thronen wir plötzlich auf der Spitze des Berges. Überschaun das Feld, auf das wir, blutiger Same der Geschichte, gestreut sind, um wiedergeboren zu werden.

Der Wille zum Wesen der deutschen Universität ist der Wille zur Wissenschaft als Wille zum geschichtlichen geistigen Auftrag des deutschen Volkes als eines in seinem Staat sich selbst wissenden Volkes. Wissenschaft und deutsches Schicksal müssen zumal im Wesenswillen zur Macht kommen. Und sie werden es dann und nur dann, wenn wir einmal die Wissenschaft ihrer innersten Notwendigkeit aussetzen und wenn wir zum anderen dem deutschen Schicksal in seiner äußersten Not standhalten. Wenn Platons frommer Garten auch schon nicht mehr am alten Strome grünt und der dürft'ge Mann die Heldenasche pflügt, und scheu der Vogel der Nacht auf der Säule trauert. O heil'ger Wald, wir sind bei dir zuhaus. Und wir? Ist denn einer auch von unsren Jünglingen, der nicht ein Ahnen, ein Rätsel der Brust, verschwiege?

Wer will nicht, durch Tun oder Denken, ein Samenkorn streuen zu unendlicher immer fortgehender Vervollkommnung seines Geschlechts, etwas Neues, und vorher nie Dagewesenes hineinwerfen in die Zeit, das in ihr bleibe, und nie versiegende Quelle werde neuer Schöpfungen; seinen Platz auf dieser Erde, und die ihm verliehene kurze Spanne Zeit bezahlen mit einem auch hienieden ewig Dauernden? Volk und Vaterland in dieser Bedeutung, als Träger und Unterpfand der irdischen Ewigkeit, und als dasjenige, was hienieden ewig sein kann, liegt weit hinaus über dem Staat im gewöhnlichen Sinn des Wortes. Nun, sei gegrüßt in deinem Adel, mein Vaterland, mit neuem Namen, reifeste Frucht der Zeit! Mit unserm Blut getränkt, verliert der Boden sein Gedächtnis. Wir sind zuviele. Das Vaterland ist nicht der Boden. Es ist in uns. Das übrige mag in Flammen aufgehn, wir werden uns dran wärmen. Wir sind wir! Wasch die Erde, dein deutsches Land, mit deinem Blute rein! Und wir, die darunterliegen, Zeichen unsrer selbst, wir kommen herauf auf den Hügel und werden zerstreut. Der Wind nimmt uns mit. Wir liegen über dem Land und verhallen in der Tiefe, Geister der Stille. Oder diese unerträglichen Entzückungen, dieser ganze Betrug, in den ein Mensch sich in der bisherigen Gesellschaft flüchten mußte – Himmel, Beichte, Sekte, eben weil er eine Seele hat, im Unterschied zum Affen denkt, und wo er sich genau nur verlieren, sich selbst betrügen, entfremden, zum Schwein, zum Ekel werden konnte. In der Isolation der Folter jetzt ganz nackt: Mensch und Imperialismus, was sich ausschließt. Was rauskommt, ist diese einzige Produktivkraft, auf die's ankommt: revolutionäre Gewalt, die Fähigkeit zur Gegengewalt. Wie wenn die alten Wasser, in andern Zorn, in schrecklichern verwandelt wieder kämen, zu reinigen, da es not war, so gählt' und wuchs und wogte von Jahr zu Jahr rastlos und überschwemmte das bange Land die unerhörte Schlacht, daß weit hüllt Dunkel und Blässe das Haupt des Menschen. Fragst du mich im allgemeinen, wie der Kampf enden wird? Ich antworte: mit dem Sieg. Fragst du mich aber im besonderen, dann antworte ich: mit dem Tod. Und sollen wir die Pflanze, die wir selbst zogen, bloß weil sie sich ein wenig zu rasch und üppig in die Blume warf, mißgünstig in den Staub darniedertreten? Zuhaus sind wir, daheim. Festgestampft der Boden über uns, geschlossen das Tal, jetzt aber tagt's.

Wir stehen auf. Jetzt kommt vom Walde der Hirsch, aus Wolken das Tagslicht, hoch in heiterer Luft siehet der Falke sich um. Aber unten im Tal streckt das Dörfchen bequem über der Wiese sich aus, darunter wir liegen. Still ist's hier, wir sind zuhaus. Aus unsren Knochen steckt ein Teppich im Boden, und Wasser sickert hinein. Und kein Kämpfer hört auf. Und auch, wenn du die Knarre nicht mehr halten kannst, entläßt dich dieser Kampf um revolutionäre Politik nie. Schon und das ist das wenigste: weil der Kampf gegen dich nur aufhört, wenn du uns verrätst, bestimmt hier, wo du 24 Stunden am Tag um dein Bewußtsein kämpfen mußt. Sind wir zuhaus? Nimmst du freundlich, wie einst, Himmel der Heimat, uns auf? Und der pflückenden Hand reichen die Zweige sich selbst. So bindet und scheidet manches die Zeit. Und so sind wir allein in der Erde. Es kehrt das Verhältnis von Leben am Licht und unterirdischem Tod sich um. Unsere Leichname rücken an die Oberfläche und erinnern an die Verwesung einstiger Herrlichkeit. Und viele Junge müssen dafür in die Tiefe, zu uns, die Geschichte stieß ihre Knochen von sich, jetzt liegen sie still, noch vor ihrer Zeit. Und sie werden mehr. Wir sind ein haufenweises Volk. Sobald einer wie ein Hund liquidiert werden kann, bleibt ihm nur noch übrig, mit allen Mitteln sein Gewicht als Mensch wieder herzustellen. Komm, ins Offne, Freund, komm in die Erde! Sei bei uns! Laß dich festschnallen und Nahrung durch den Schlauch fließen! Nur herunter zu uns, und eng schließet der Himmel uns ein. Trüb ist es heut, es schlummern die Gäng und die Gassen, und fast will mir es scheinen, es sei, als in der bleiernen Zeit.

Die drei Bindungen – durch das Volk an das Geschick des Staates im geistigen Auftrag – sind dem deutschen Wesen gleichursprünglich. Die drei von da entspringenden Dienste – Arbeitsdienst, Wehrdienst und Wissensdienst – sind gleich notwendig und gleichen Ranges. Denn nicht Mächtiges ist's, zum Leben aber gehört es, was wir wollen, und scheint schicklich und freudig zugleich. Aber kommen doch auch die segenbringenden Schwalben immer einige noch, ehe der Sommer, ins Land. Nur wir liegen still, zuhaus. Die du liebend erzogst, sieh, die grünen dir, deine Bäume, breiten ums Haus den Arm. Gezogen aus dem Boden, in dem wir sind und bleiben. Heimisch und Fremde zugleich. Sichrer stehen die Stämme schon. Wir sind daheim, und allmächtig empor ziehet ein ahnendes Volk, bis die Jünglinge sich der Väter droben erinnern und aus der Erde kommen wollen, aber zu spät. Und dieses vernichtende Schweigen – der Körper schreit natürlich, der Schlauch wird ihm in den Rachen gestoßen – dieses Schweigen, das den Folterer vernichtet! Wir treffen hier, sage ich, auf das sehr alte Gesetz, das es irgendeinem Teil der Existenz verbietet, unberührt zu bleiben, wenn der Mensch seine unbegrenzte Menschlichkeit gleichzeitig fordert und behauptet. Seid jetzt zuhaus wie wir! Irrstern des Tages, erscheinest du, du auch, o Erde, in der wir liegen, friedliche Wieg bist du uns, und du, Haus unsrer Väter, nun wieder atmet ihr recht! Nun trinkt, ihr meiner Bäche Weiden! Ein Augenblick, und rechte Stapfen gehn, und als ein Herrscher, mit Sporen, und bei dir selber örtlich. Irrstern des Tages, erscheinest du. Sei zuhaus, geh in den Wolken des Wilds!

Wir sind zuhaus, wir, die Zungen des Volks, gebunden im Boden. Sind gern bei den Lebenden, wo sich vieles gesellt. Und manchen möchten wir zu uns laden, doch wir bleiben allein. Unser Vater, der die Entschlafenden, aufgerichtet an goldenen Gängelbanden, wie Kinder hält. Und tunkt ihr Haupt ins heilignüchterne Wasser. Laßt uns schlafen! Wir leben vorzugsweise in der Innerlichkeit des Gemüts und des Denkens. In dieser einsiedlerischen Einsamkeit des Geistes beschäftigen wir uns damit, bevor wir handeln, erst die Grundsätze, nach denen wir zu handeln gedenken, sorgfältigst zu bestimmen. Daher kommt es, daß wir etwas langsam zur Tat schreiten von den Heiligtümern, den Waffen des Worts, die scheidend ihr uns, den Ungeschickteren, zurückgelassen. Wohin wolln wir die Verwundeten retten? Auf die Intensivstationen – also in diesen dreckigen Kreislauf, in dem die Phasen sicher immer kürzer werden, von Infusionen, Maschinerie. Dann wieder durch den

Schlauch den Schlauch den Schlauch in die jahrelange Isolation, in den Verrat? Den Verrat? Sieg oder Tod war der eine Satz. Der andre Sieg und Tod – was einfach nur heißt: Gefangene, äußerste Defensive, totale Einkreisung. Der Inhalt ist Kampf ist Kampf. Die Blindesten aber sind Göttersöhne. Denn es kennt der Mensch sein Haus und dem Tier ward, wo es bauen solle, doch jenen ist der Fehl, daß sie nicht wissen wohin, in die unerfahrne Seele gegeben. Denn wie wir anfingen, werden wir bleiben. Zuhaus bei uns. Bis in den Tod kann aber ein Mensch auch im Gedächtnis das Beste behalten, und dann erlebt er das Höchste. Nur hat ein jeder sein Maß. Denn schwer ist zu tragen das Unglück, aber schwerer das Glück. In unserm Haus sind aber auch diese nicht Fremde. Sie leben dreifach, eben wie auch die ersten Söhne des Himmels. Hier schnallen sie uns jetzt fest. So ists einfach eine Anweisung geworden, keinen mehr sterben zu lassen, ohne mit allen Mitteln so eine Entwicklung durch Gegenpropaganda neutralisieren zu können. Und das, natürlich, ist die Funktion der Intensivstationen im Haus. Worin auch die Vorstellung steckt, in der Agonie, den letzten Stunden, bräche vielleicht unser Wille und damit der Streik. Ein Gefangener, der in einer Klinik stirbt, ist als Kranker gestorben, ärztlich bis zum letzten Helfen – nicht im Kampf.

Alt sind sie geworden indes, sie bleichte der Eispol, und im Feuer des Süds fielen die Locken ihnen aus. Wir waren zuhaus. Von fernher kommen sie und müd bis in die Seele, um wiederzusehen dies Land. Noch einmal müßte die Wang ihnen glühn, und erloschen fast glänzt ihr Auge noch auf. Sind sie zuhaus bei uns. Wenn aber, ihr heimatlichen Wasser, jetzt mit euch des Herzens Liebe klagt, was will es anders. Denn voll Erwartung liegt das Land umschattet heut, ihr Sehnenden! Seid hier bei uns und wohnt gut unter uns und neigt das Haupt. Vergangne, die zu lieb uns sind! Kommt her! Denn euer schönes Angesicht zu sehn, als wär's, wie sonst, ich fürcht es, tödlich ist's, und kaum erlaubt, Gestorbene zu wecken. Nehmt Platz! Es setzt sich eure blaue Schar nicht mehr im blauen Himmel. Seid hier bei uns, im Vorspiel rauherer Zeit für uns erzogen. Wir können nicht verhindern, daß sie einige von euch töten. Wir können verhindern, daß sie alle töten. Wenn noch ein Gefangener stirbt, weil die Entwicklung immer noch nicht begriffen ist, wird keine Verhandlung möglich sein. Hier sind wir jetzt. Muß zwischen Tag und Nacht ein Wahres erscheinen. Und furchtlos gehn die Söhne der Alpen über den Abgrund weg auf leichtgebaueten Brücken. Drum, da gehäuft sind rings, um Klarheit, die Gipfel der Zeit, und die Liebsten nah wohnen, ermattend auf getrenntesten Bergen, so gib unschuldig Wasser, o Fittiche gib uns, treuesten Sinns hinüberzugehen und wiederzukehren.

Wissenschaft als Wille zum geschichtlichen Auftrag des deutschen Volkes als eines in seinem Staat sich selbst wissenden Volkes, Wissenschaft und deutsches Schicksal müssen zumal im Wesenswillen zur Macht kommen. Und sie werden es dann und nur dann, wenn wir wenn wir wenn wir dem deutschen Schicksal in seiner äußersten Not standhalten. Von selbst und eilend gehen wir zu Ende. Zuhaus sind wir, in den Staub unsres Gesangs geworfen. Die Toten wecken wir auf, die noch gefangen vom Rohen sind. Es warten aber der scheuen Augen viele, zu schaun unser Licht. Hier sind wir! Wir haben gedienet der Mutter Erd und haben dem Sonnenlicht gedient, aber wir blieben bei uns, innerlich im Frieden. Nehmt Platz! Für diesen Zweck muß freilich die natürliche Freiheit des einzelnen auf mancherlei Weise beschränkt beschränkt beschränkt werden, und wenn man gar keine andre Rücksicht und Absicht mit ihnen hätte, denn diese, so würde man wohltun, dieselbe so eng als immer möglich zu beschränken, alle ihre Regungen unter eine einförmige Regel zu bringen und sie unter immerwährender Aufsicht zu erhalten. Und worauf stützt sich unsre Sicherheit? Wir sind zuhaus zuhaus, und süße Linden duften neben den Buchen, des Mittags, wenn im Kornfeld das Wachstum rauscht, an geradem Halm, dann sind wir da!

Der Wille ist eben kein Besitz, er ist der Motor. Er wird stark, was er werden muß, dadurch daß man kämpft. Du mußt es jeden Tag der Maschine abringen. Es ist unerträglich und es ist schwieriger, wenigstens die ersten Tage auszuhalten als wirklich jede vorstellbare Aktion – weil sie eben alles haben und du nichts. Und es gehet an die Scheitel dem Vater. Wir! Es werden die Himmlischen schwach, damit das Reine sich kenne. Wir sind bei uns. Wir! Das letzte aber ist, auf düsterem Rasen, daß aus guter Brust das Labsal der Schlacht, die Stimme quillt uns aus dem Mund. Vom Höchsten wolln wir nicht schweigen, wir sind daheim und sprechen, was wir fassen können. Soviel tragen wir nachhaus. Wind komm herzu aus den vier Winden, und blase an diese Getöteten, daß sie wieder lebendig werden! Zu uns kommen aus der Erde! Zu uns, sie gehören zu uns! So wird der Wind, so wer-

den Stürme und Regengüsse und sengender Sonnenschein die Totengebeine gebleicht haben, der belebende Atem der Geister hat noch nicht aufgehört zu wehen. Zu uns! Er wird auch unseres Nationalkörpers erstorbene Gebeine ergreifen und sie aneinanderfügen, daß sie herrlich erstehen in neuem verklärtem Leben. Und wir mittendrin! Und wir! Wir öffnen die eigene Brust uns und spritzen uns tropfenweis in den Staub. Da sind wir, und da bringen wir sie hin, unsre Opfer, die Toten. Es brauchet Furchen die Erde und Stiche der Fels. Unwirtbar wären wir sonst. Gestorben auf hoher Straß. Wandersmänner, gingen wir zornig mit. Zu uns, wo wir wohnen. Nachhaus. Nachhaus.
Nachhaus.

Die alte und durch und durch bewahrte Innigkeit des deutschen Volkes hat aus dem einfachen, schlichten Herzen den Umsturz vollbracht. Was ist es, das an die alten seligen Küsten uns fesselt? Daß wir bei uns bleiben. Uns dämmern die Augen. In der Scholle des Vaterlands wollen wir uns verwurzeln und sind doch schon da! Es ist die Mutter unsrer Gedanken und Sehnsüchte. In Deutschlands hohen Schulen wird viel gearbeitet, aber wenig für die Zukunft getan. Das sind alles nur Handlangerdienste. Doch wir reifen zur Tat. Niemals kann uns Kathederweisheit erlösen. Dies Volk wirkt an seinem Schicksal, indem es seine Geschichte indem es sich seine geistige Welt immer neu erkämpft. Gern wollen wir zur Erinnerung den andern werden, aber wir bleiben wir. Zuhaus. Doch in der Mitte der Zeit leben ruhig wir und gern, zur Erinnerung den Unbedürftigen. Von Geburt an von unsren Aufenthalten gezeichnet, wo der

Strahl nicht brennt im Schatten des Waldes. Wir meinen, es wäre sonst nirgend besser zu wohnen. Drum, ihr Gütigen, umgebet uns leicht! Mit uns! Damit kein Fremdes uns stört. Laßt uns unter uns! Das Entscheidende im Führen ist nicht das bloße Vorangehen, sondern die Kraft zum Alleingehenkönnen. Nicht aus Eigensinn und Herrschergelüste, sondern kraft einer tiefsten Bestimmung und weitesten Verpflichtung. Solche Kraft bindet an das Wesentliche, schafft die Auslese der Besten und weckt die echte Gefolgschaft derer, die neuen Mutes sind. Zu uns zu kommen. Und der Boden steht mit uns und unter uns auf. Noch schlafen wir in ihm, doch bald stehen wir auf. Licht der Liebe! Scheinest du denn auch uns Toten, du goldnes! Nichtig und leer, wie Gefängniswände, der Himmel. Eine beugende Last über den Häuptern uns hängt. Jetzt stehn wir auf. Wie jammervoll ist doch diese Zeit. Wir kauern uns zusammen, friedlich zu werden und froh unter den Blumen zu ruhn, zuhaus. Wo stille Wolken uns umschweben, da staunen wir und wissens nicht zu deuten. Am Sommertage, da wir Schatten suchten. Zuhaus. Bei uns. Wollen neue Titanen abermals den Himmel erstürmen? Bleibt doch bei uns! Er wird für euch nicht Himmel sein, denn ihr seid Erdgeborene. Bleibt hier bei uns! Es wird euch bloß der Anblick und die Einwirkung des Himmels entrückt werden, und nur eure Erde als eine kalte finstere unfruchtbare Behausung euch zurückbleiben. Denn sie gehört uns. Hier sitzen wir und rücken nicht. Wir machen uns breit und dürfen es. Wie die Lämmer im Feld, auf grünem Teppiche, den zur Lust uns unsre Mutter gegönnt hat. Es gehört uns. Wohl gehn wir täglich, doch wir bleiben hier.

So mit den Himmlischen allein zu sein, bei uns zuhaus, und geht vorüber das Licht und Strom und Wind, und Zeit eilt hin zum Ort, wo wir den Nachbarn aufs Haupt treten und um Herrschaft zanken. Und unstet wehn und irren, dem Chaos gleich, uns gärendem Geschlecht die Wünsche noch umher. Wohl aufgehoben aber, und zuhaus, gehen wir sicher die ruhige Bahn mit den Füßen. Über uns die stäubenden Wolken. Und es bleibt daheim gern, wer in treuem Busen Göttliches hält, und frei wollen wir, so lang wir dürfen, euch all, ihr Sprachen des Himmels, deuten und singen. Da, wo ein sicheres Licht erscheint. Die Schmerzen, weiß nicht so genau, bei Widerstand kommen sie dann. Und läßt dich und die Prozedur begutachten, was wollt ihr schon wieder beweisen? Den dünnen Schlauch wegen den hohen Tieren, die da waren, durchgesetzt, das werden die sein, die den Wasserentzug anordnen. Das tut weh! Es tut weh! Uns wollen sie nicht! Die Bäume verlassen ihre Plätze. Doch wir bleiben hier, wir gehören hierher. Des Kindes Ruh ist hin, und hin ist Jugend und Lieb und Lust. Doch du, mein Vaterland! Bist heilig Duldendes, siehe, du bist geblieben. Still sind wir vor dem Schicksal. Und bleiben. Zu lieben gemacht, zu leiden. Hier! Schicksallos, wie der schlafende Säugling, atmen die Himmlischen. Und die seligen Augen blicken in stiller ewiger Klarheit. Doch uns ist gegeben, auf keiner Stätte zu ruhn, oder ruhn wir schon längst, im Boden, der uns nicht hergibt? Oder warn wir nie draußen? Ist unsre Ordnung nur auf Gedächtnis gegründet und warn wir nie hier? Reißt man uns aus? Woher kommen wir? Aber wir bleiben hier, hier sind wir zuhaus. Hätten doch dann die übrigen Europäer sich morden mögen in allen Meeren und auf allen

Inseln und Küsten: in der Mitte von Europa hätte der feste Wall der Deutschen sie verhindert aneinanderzukommen, hier wäre Friede geblieben, und die Deutschen hätten sich, und mit sich zugleich einen Teil der übrigen europäischen Völker in Ruhe und Wohlstand erhalten. Hier sind wir zuhaus. Das war dem nur den nächsten Augenblick berechnenden Eigennutz des Auslands nicht gemäß, daß es so bliebe. Sie fanden die deutsche Tapferkeit brauchbar, um durch sie ihre Kriege zu führen, und die Hände derselben, um mit ihnen ihren Nebenbuhlern die Beute zu entreißen. Und heimzutragen.

Darum treibt ihn, Erde! Vom Herzen dir sein Übermut, und deine Geschenke sind umsonst und deine zarten Bande, sucht er ein Besseres doch, der Wilde! Der Fremde, tödlich ist ihm unser Boden. Aus Nichts ins Nichts, hart zwischen Nichts und Nichts. Wir sind zuhaus, wer mag uns danken? Wohl tut die Erde zu kühlen. Ein freundliches Licht kommt, und unser warmer Herd entzündet die Luft mit seiner unschädlichen Glut. Und bei des Fremdlings besonderer Stimme stehen die Herden auf. Wir sehen ihn nicht, und gesellte er sich auch zu uns, im Winde klirrten die Fahnen. Bis heute wäre er namlos, ewig hinab in die Nacht verwiesen. Verstummt unter uns Lebenden. Wir aber. Wir aber. Wir schauen mit offenen Augen und suchen immer nur uns. Wachsen und werden zum Wald.

Die verwendeten Texte sind unter anderem von: Hölderlin, Hegel, Heidegger, Fichte, Kleist und aus den Briefen der RAF von 1973–1977.

Bio-bibliographische Notiz

Elfriede Jelinek, geboren am 20. Oktober 1946 in Mürzzuschlag/Steiermark. Kindheit und Jugend in Wien; katholisch-französische Volksschule, Gymnasium, Ballettunterricht und Unterricht in Klavier, Orgel und Blockflöte am Wiener Konservatorium. Matura 1964. 1964–1967 Studium der Kunstgeschichte und Theaterwissenschaft in Wien. 1971 Abschluß ihrer Musikausbildung an der Musikschule und am Wiener Konservatorium mit einem Organisten-Diplom. Beginn der schriftstellerischen Tätigkeit Mitte der 60er Jahre. 1967 erscheint als erste Buchpublikation der Gedichtband *Lisas Schatten*, 1970 folgt der Band *wir sind lockvögel baby!*, der wie *Michael. Ein Jugendbuch für die Infantilgesellschaft* (1972) und der Roman *Die Liebhaberinnen* (1975) exzessiv mit Zitaten und Genre-Imitationen aus dem Bereich der Trivialliteratur und Unterhaltungsindustrie arbeitet, um Mechanismen falscher Lebensperspektiven und gesellschaftlicher Unterdrückung vor allem am Beispiel weiblicher Rollenbilder sichtbar zu machen. 1970 und 1973 Mitglied des »Arbeitskreises österreichischer Literaturproduzenten«, 1973–1992 Mitglied der Grazer Autorenversammlung. 1972 Aufenthalt in Berlin, 1973 in Rom. 1974 Heirat mit dem Informatiker Gottfried Hüngsberg, lebt seither in Wien und München. Der 1980 erschienene Roman *Die Ausgesperrten* (1982 verfilmt von Franz Novotny) analysiert die psychischen Auswirkungen der Wirtschaftswunderjahre am Beispiel einer Gruppe von Jugendlichen. Vor allem wegen seines punktuell autobiographischen Charakters erregte ihr 1983 erschienener Roman *Die Klavierspielerin* (2001 verfilmt von Michael Haneke, mit Isabelle Huppert in der Hauptrolle), der die Zerstörung weiblicher Identität und Sexualität in einer neurotischen Mutter-Tochter-Symbiose beschreibt, Aufsehen. Weitergeführt ist hier auch das Thema des Genie-Mythos, das in ihrem 1982 in Bonn uraufgeführten Theaterstück *Clara S.* bereits angesprochen wurde und in dem Stück *Krankheit oder Moderne Frauen* (1987, Bonn) weitergeführt wird. Zu dem Jelineks Werk beherrschenden Moment der Analyse von Formen der Unterdrückung und Verformung weiblicher Identität und Sexualität tritt vor allem in den Stücken *Burgtheater* (1985, Bonn), *Wolken.Heim.* (1988, Bonn), *Totenauberg* (1992, Wien) und in dem 1995 erschienenen Roman *Die Kinder der Toten* die Beschäftigung mit der nationalsozialistischen Vergangenheit. Mit einbezogen ist darin auch die kritische Bestandsaufnahme zum Begriff ›Heimat‹, die in dem 1985 erschienenen Text *Oh Wildnis, oh Schutz vor ihr* inhaltlich wie sprachlich ihren Höhepunkt findet. Was das Publikum an den späteren Werken der Autorin zunehmend verstörte, waren nicht nur die strittigen Themen (Frauenemanzipation, nationalsozialistische Vergangenheit, Gewalt, Heimatgefühl), sondern vor allem auch der treffsichere und schonungslose Sarkasmus und die sprachliche Gewalt ihrer Texte. Ein einzigartiger Verkaufserfolg wurde ihr 1989 erschienener Roman *Lust*. Der – aus der Sicht der Autorin gescheiterte – Anspruch, weibliche Pornographie aus weiblicher Sicht und mit weiblicher Sprache zu schreiben, sorgte für exzessive Rezeption und Diskussion. Heftige Debatten lösten auch ihre Theaterarbeiten *Raststätte oder Sie machen's alle* (1994, Wien), *Stecken, Stab und Stangl* (1996, Hamburg) und *Ein Sportstück* (1998, Wien) aus. 1998 war Elfriede Jelinek als »Dichterin zu Gast« bei den Salzburger Festspielen, wo ihr Stück *er nicht als er* (*zu, mit Robert Walser*) uraufgeführt wurde. Neben umfangreicher publizistischer Tätigkeit ist Elfriede Jelinek auch als Übersetzerin aus dem Englischen (Thomas Pynchon) und Französischen (Georges Feydeau) tätig, und sie schrieb eine Reihe von Hörspielen, Drehbüchern (u. a. für die Verfilmung von Ingeborg Bachmanns Roman *Malina* durch Werner Schroeter 1991) und Libretti (für Hans Werner Henze, Patricia Jünger und Olga Neuwirth).

1969 Preis der Österreichischen Jugendkulturwoche Innsbruck, Lyrikpreis der Österreichischen Hochschülerschaft; 1972 Österreichisches Staatsstipendium für Literatur; 1978 Roswitha-Gedenkmedaille der Stadt Bad Gandersheim; 1979 Buchprämie des österreichischen Bundesministeriums für Unterricht und Kunst, Drehbuchpreis des Innenministeriums der Bundesrepublik Deutschland; 1983 Würdigungspreis des österreichischen Bundesministeriums für Unterricht und Kunst; 1986 Heinrich-Böll-Preis der Stadt Köln; 1987 Literaturpreis des Landes Steiermark; 1989 Würdigungspreis der Stadt Wien; 1993 »Dramatikerin des Jahres« der Zeitschrift *Theater heute*; 1994 Peter-Weiss-Preis der Stadt Bochum, Walter-Hasenclever-Literaturpreis der Stadt Aachen; 1996 Bremer Literaturpreis der Rudolf-Alexander-Schröder-Stiftung; 1998 Georg-Büchner-Preis; 2000 manuskripte-Preis; 2002 Heine-Preis der Stadt Düsseldorf, Theaterpreis Berlin, Mülheimer Dramatikerpreis; 2004 Nobelpreis für Literatur.

Nachwort

Seit Beginn ihrer schriftstellerischen Arbeit nutzt Elfriede Jelinek fremdes Sprachmaterial aus unterschiedlichsten Diskurszusammenhängen für ihr Schreiben. Vorgefertigte sprachliche Formulierungen, Worthülsen und Redewendungen werden als zu bearbeitende Bausteine dem neuen Kontext eingefügt. Mit aller Bewußtheit wird den Zitaten nicht nur durch das Herausreißen aus dem »angestammten« Zusammenhang Gewalt angetan, sondern je nach Maßgabe der Notwendigkeiten der destruierenden Intention auch durch absichtlich verfälschende Zuspitzung, Übertreibung oder auch Verkehrung. In raffinierten Montage- und Überlagerungsverfahren demaskiert die Autorin die hinter Klischees, Stereotypen und sprachlichen Gemeinplätzen verborgenen Machtverhältnisse und (historischen) Hintergründe. Die in den zitierten und (entstellend) nachgeahmten Genres und Jargons eingefrorenen Haltungen und Weltbilder werden so als Ideologisierungen kenntlich, als Mythen im Sinn von Roland Barthes, dessen Konzeption der *Mythen des Alltags* für ihre poetologische Verfahrensweise prägend ist.[1] Elfriede Jelinek selbst beschreibt ihre Technik so: »Ich erziele in einem Stück verschiedene Sprachebenen, indem ich meinen Figuren Aussagen in den Mund lege, die es schon gibt. [...] Ich, als Autorin, kläre das Ganze noch auf eine Aussage hin. Aber das meiste ist ohnedies schon oft gesagt worden, und es ist unnötig, etwas zu erfinden, das anderswo schon besser gesagt worden ist.«[2]

1 Zur Bedeutung von Roland Barthes für Jelineks Gesamtwerk vgl.: Marlies Janz, *Elfriede Jelinek*, Stuttgart 1995 (Sammlung Metzler, 286), und Monika Szczepaniak, *Dekonstruktion des Mythos in ausgewählten Prosawerken von Elfriede Jelinek*, Frankfurt a. M. [u. a.] 1998. – *Wolken.Heim.* wird hier allerdings nicht mitgelesen.

2 E. J., *Ich schlage sozusagen mit der Axt drein*, in: *TheaterZeitSchrift* (1984) H. 7, S. 14–16, hier S. 14 f.

In ihren ersten Büchern *wir sind lockvögel baby!* (1970), *Michael. Ein Jugendbuch für die Infantilgesellschaft* (1972) oder dem Roman *Die Liebhaberinnen* (1975) – mit dem Jelinek der literarische Durchbruch gelang – ging es um Trivialmythen des Kleine-Leute-Alltags. Der sprachliche Steinbruch, aus dem sich die Autorin bediente, gehörte dem Bereich der Trivialliteratur und Unterhaltungsindustrie an – Werbeslogans, Comics, Heftromane, Fernsehserien –, und der (intellektuellen) Rezeption stand kaum etwas entgegen. Die Aussagen waren konsensfähig, das »mißbrauchte« Sprachmaterial beim Lesepublikum wenig prestigeträchtig, Vertreter des karikierten Milieus kamen kaum als Leser in Betracht, ein Widerspruch der durchaus kritisch diskutiert wurde.[3] Mit der Wiederaufnahme und Weiterentwicklung dieser Art der intertextuellen Verfahrensweise, die mit dem Theaterstück *Clara S.* (1981; Uraufführung 1982) begann, werden nunmehr verstärkt auch Zitate und Ausdrucksweise der klassischen Literatur verwendet, was die Verstörung beim Lesepublikum erhöht. Mit dem Prosatext *Oh Wildnis, oh Schutz vor ihr* (1985), der die Muster und Versatzstücke romantischer Naturverherrlichung analysiert, und dann vor allem mit dem viel diskutierten Roman *Lust* (1989), der Funktionsweisen und Prämissen der (männlichen) pornographischen Literatur aufdeckt, erreichte die Provokation einen ersten Höhepunkt. Hier sind, beginnend gleich im ersten Absatz, eine Vielzahl von Hölderlin-Zitaten (neben Zitaten aus Werken von Matthias Claudius, Goethe, Schiller und Rilke) in den Text verwoben, die eingesetzt werden zur Beschreibung sozialer Herrschaftsverhältnisse, aber auch zur Schilderung sexueller Gewaltakte des steiermärkischen Fabrikbesitzers Hermann gegen seine Frau Gerti bzw. allgemein zur Destruktion des Männlichkeitswahns im kulturellen Diskurs. Da die Zitate ungekennzeichnet bleiben und

3 »münchner literaturarbeitskreis: gespräch mit elfriede jelinek«, in: *mamas pfirsiche – frauen und literatur* (1978) H. 9/10, S. 170–181.

zudem häufig auf kurze charakteristische Wortgruppen reduziert oder auch stark abgewandelt werden, sind sie im Lektürevorgang wohl nur von Hölderlinkennern zu enttarnen. Wer Hölderlins Gedichte liebt, wird diese Profanierung und sprachliche Brutalität beängstigend finden und zumindest spontan einen Impuls zur Verteidigung Hölderlins fühlen.

Stärker noch trifft das für Elfriede Jelineks 1990 erschienenen Text *Wolken.Heim.* zu, der auf das in *Lust* noch vorhandene erzählerische Subjekt ebenso verzichtet wie auf äußere Merkmale des Dramas. Es gibt weder Regieanweisungen noch Szeneneinteilung noch dramatische Rede und Gegenrede. Das Dialogische ist mit der Parallelführung der Fremdstimmen ausschließlich in den Textfluß selbst eingelagert. Damit ist eine Art Endpunkt jener Entwicklung erreicht, die seit dem ersten Stück *Was geschah, nachdem Nora ihren Mann verlassen hatte oder Stützen der Gesellschaften* (1977/78) zur zunehmenden Verknappung der Dialoge zugunsten immer längerer Monologblöcke führte. *Wolken.Heim.* ist zudem das Werk Elfriede Jelineks, das am exzessivsten mit fremdem Textmaterial arbeitet, das die Sprechweise des Werkes nachhaltig prägt, ohne in einen integrierten neuen Text eingeschmolzen zu sein. Die Ränder und Brüche der heterogenen Fragmente und damit die Kopräsenz der differenten Stimmen aus unterschiedlichen Diskurszusammenhängen werden immer wieder sichtbar, woraus der Text eine enorme innere Spannung bezieht. In einer Art Nachspann heißt es im Buch: »Die verwendeten Texte sind unter anderem von: Hölderlin, Hegel, Heidegger, Fichte, Kleist und aus den Briefen der RAF von 1973–1977«. Die Einschränkung »unter anderem« ist eine für Jelineks Quellenangaben typische »Unschärfeformel«,[4] eine Aufforderung zur Spurensuche nach weiteren Bezugsstel-

4 Heide Helwig, »Mitteilungen von Untoten. Selbstreferenz der Figuren und demontierte Identität in Hörspiel und Theaterstücken Elfriede Jelineks«, in: *Sprachkunst.* 25 (1994) H. 2, S. 389–402, hier S. 391.

len, die sich mit literaturwissenschaftlichem Detektivgeist auch ausforschen lassen.[5] In einem knapp dreißig Seiten langen Monolog spricht sich ein bis zur Unerträglichkeit chauvinistisches Wir – das bald und schon lange vor der definitiven Festlegung als deutsches zu erkennen ist – beinahe ausschließlich mit Textsegmenten der genannten Autoren aus. Von Elfriede Jelinek stammen im wesentlichen nur der Tendenzverstärkung dienende Zitatveränderungen, zur Einmontierung notwendige Füllsel und jene refrainartig wiederkehrenden fremdenfeindlichen bis faschistoiden Phrasen, die in ihrer insistierenden Penetranz das Rückgrat und den roten Faden des Textes bilden. Rhythmus und Aggressionspotential dieser Phrasen – wir sind zuhaus / wir sind bei uns / wir sind hier / wir sind wir / wir gehören uns / wir sind nicht die andern / die müssen fort – nehmen von Abschnitt zu Abschnitt an Tempo und Dichte zu, was dem Gesamttext einen beängstigend vorwärtsdrängenden Sog verleiht. Bei den zitierten Autoren dominiert der Rückgriff auf Hölderlins Lyrik, die, zum Großteil verzerrend und deformiert verwendet, dem gesamten Text den hohen Ton leiht. Das ist insofern auffällig, als *Wolken.Heim.* ursprünglich geschrieben wurde für einen Kleist-Schwerpunkt im Rahmen des Zyklus *Wir Deutschen* am Bonner Schauspielhaus im Herbst 1988, also ein Jahr vor den Ereignissen des Jahres 1989, die das Stück aus heutiger Sicht direkt zu kommentieren scheint.[6] Der Titel des *Raumprojektes von Hans Hoffer mit einem Text von Elfriede Jelinek* lautete: *Kleist – eine Invention.*

Das provokative Potential des Textes trat in den Reaktionen auf die Premiere des Stückes mit einer Intensität zu Tage, die den Vorwurf der Überzogenheit von Jelineks Kri-

5 Vgl. dazu: Georg Stanitzek, »Kuckuck«, in: Dierk Baecker, Rembert Hüser, Georg Stanitzek, *Gelegenheit. Diebe. 3 x deutsche Motive,* Bielefeld 1991, S. 11–80.

6 Eine faszinierende Lektüre von *Wolken.Heim.* als »Kommentar« zur deutschen Wiedervereinigungsdebatte unternimmt Stanitzek (ebd.).

tik am Fortleben chauvinistischer Tendenzen zum Verstummen bringt. Insistiert *Wolken.Heim.*, was Fremdenhaß und übersteigertes Wir-Gefühl betrifft, auf mentalitäts- wie ideologiegeschichtlichen Kontinuitäten vom deutschen Idealismus über den Nationalsozialismus bis in die deutsche Gegenwart, so gibt ihm die Reaktion einer Reihe deutscher Theaterkritiker recht. In ihren ablehnenden Besprechungen von Jelineks »Wortsud«[7] vergessen sie nicht den Hinweis, daß Autorin wie Bühnenbildner Hans Hoffer Österreicher sind, also Fremde, also auf deutschem Theaterboden nicht ganz befugt. »Die Autorin aus Wien tritt allen Ernstes an nachzuweisen, daß ›das deutsche Wesen‹ – und daran soll die Welt genesen – von Hölderlin über Adolf, den Bebarteten, aus dem österreichischen Braunau bis zu Ulrike Meinhof – bestimmt war von dem Gedanken, andere zu unterjochen, sie ›heim ins Reich‹ zu holen«,[8] meint Tanina Nevak im *General-Anzeiger für Bonn.* Und Ulrich Schreiber sieht in dem Stück eine »privatmythologische Heimfindung der Autorin auf dem deutschen Theater, mag dessen Besucher das Ergebnis solcher Trauerarbeit über den Verlust der angestammten Heimat auch als Heimsuchung empfinden. Für Elfriede Jelinek mag es ein deutsches Trauerspiel sein, in Bonn und nicht am Wiener Burgtheater gespielt zu werden«.[9] Daß Elfriede Jelinek ihre in *Wolken.Heim.* inszenierte (Sprach)Analyse chauvinistischer bis faschistoider Kontinuitäten und Tendenzen nicht allein an die deutsche Adresse gerichtet wissen wollte, sondern Österreich immer

7 H. D. Terschüren, »In Wortfluten ertrunken«, in: *Kölnische Rundschau*, 23. September 1988.

8 Tanina Nevak, »Von deutschem Wesen«, in: *General-Anzeiger für Bonn*, 23. September 1988.

9 Ulrich Schreiber, »Die Heimsuchung der Elfriede Jelinek«, in: *Frankfurter Rundschau*, 7. Oktober 1988. Die Betonung von Jelineks Nationalität verwenden unterschwellig oder offen argumentativ etwa auch: Eva Pfister, »Wenn der Geist von der Stirn rinnt«, in: *Rheinische Post*, 28. September 1988; Jens Frederiksen, »Knastprosa im Wortkäfig«, in: *Die Welt*, 23. September 1988.

mitimpliziert sah, hätten alle Kritiker aus den Werken und Stellungnahmen der Autorin wissen können. Wohl um dieses Mißverständnis endgültig zu beseitigen, schrieb Elfriede Jelinek für die österreichische Erstaufführung am Wiener Volkstheater 1993 eine Art Epilog – der auf der Bühne etwa ein Viertel der Inszenierung ausmachte – mit dem Titel »An den, den's angeht«,[10] in dem das Thema des »Wiedergängertums« der NS-Ideologie konkret und mit der ihr eigenen Schärfe auf aktuelle politische Entwicklungen in Österreich bezogen wird.

Der größte Teil von *Wolken.Heim.* besteht aus Zitaten, schon der Titel ist gleichsam eines. Er spielt auf zwei Komödien von Aristophanes an: *Die Wolken*, eine Satire auf die sophistische Philosophie seiner Zeit, die mit »wolkigen« Sprach- und Denkkapriolen alles und jedes zu begründen weiß, und auf die Komödie *Die Vögel*, in der zwei athenische Bürger auf der Suche nach einem behaglichen Domizil zu den Vögeln kommen und mit diesen eine Stadt im Luftreich zwischen Himmel und Erde, zwischen Göttern und Menschen gründen, das »Wolkenkuckucksheim«, im heutigen Sprachgebrauch Chiffre für Weltflucht und Realitätsverlust. Das mittlere Substantiv ist durch einen Punkt ersetzt. Das Leichte, Unbeschwerte und Heitere der Komödie, ihre utopische Dimension sind (von der Geschichte) getilgt, der Gesang ist verstummt. Daß der Kuckuck ausgespart und zugleich durch den Punkt doch präsent bleibt, ist allerdings auch anders interpretierbar. Der Kuckuck ist ein heimatloser Brutparasit, der seine Eier in fremde Nester legt, wo die heranwachsenden Jungvögel ihre Stiefgeschwister erbarmungslos aus dem Nest drängen, und der Titel wird so lesbar als »Deutschland im Bild des Kuckuckseis, des Monstrums, des Punkts, an den man nicht rühren darf und doch rühren muß«.[11] Die beiden Punkte – der zweite

10 E. J., *An den, den's angeht*, in: *Wespennest* (1993) Nr. 91, S. 35 f.
11 Stanitzek (s. Anm. 5), S. 73.

für einen Werktitel eher unüblich – signalisieren mit der typographischen Zerrissenheit die unversöhnliche Trennung zwischen den beiden Nomen und verleihen dem Heim / der Heimat etwas bedrohlich Finales. Durch die Kürzung entstehen aber auch neue Bezüglichkeiten. Eine Verbindung ist sowohl herzustellen zum »Grab in den Wolken« aus Paul Celans *Todesfuge* als auch ganz banal zu den Heim-ins-Reich-Tönen, die die österreichische Schuldverstrickung schon dem Titel einschreibt.[12] Gattungsmäßig tritt uns der Text undefiniert gegenüber. Mit Ausnahme des Copyright-Hinweises »Bühnenrechte beim Theaterverlag Nyssen & Bansemer, Köln«, deutet nichts auf den Entstehungszusammenhang als Theatertext hin. Die sorgfältig ausgestattete Erstausgabe – mit ihr eröffnete der Steidl Verlag die Reihe »Ränder« – erschien im Februar 1990 und erhielt von den Ereignissen rund um den Fall der Berliner Mauer eine besondere Aktualität, weshalb der Verlag einen Verweis auf den tatsächlichen Entstehungszeitraum (1987/1988) vermied. Der lockere Flattersatz des Bandes verstärkt optisch den Eindruck lyrischer Prosa, den der hymnische Ton der sorgfältig durchkomponierten 24 Gesänge erweckt. Erkennbar sind die 24 Abschnitte, durch Leerzeilen im Druckbild.

Sieht man die in *Wolken.Heim.* verwendeten Textpassagen durchgängig als ideologische »Entlarvung« oder Kritik an den zitierten Autoren, müssen Auswahl und Verwendung des Materials problematisch erscheinen.[13] Die konse-

12 Hinweise auf mögliche weitere Bezugnahmen des Titels geben Maja Sibylle Pflüger, *Vom Dialog zur Dialogizität. Die Theaterästhetik von Elfriede Jelinek*, Tübingen/Basel 1996, S. 204 f.; Yasmin Hoffmann, *Elfriede Jelinek. Sprach- und Kulturkritik im Erzählwerk*, Wiesbaden 1999, S. 161–165, und Stanitzek (s. Anm. 5), S. 13–15, der auch eine Reihe von Bezügen zu Aristophanes' *Die Vögel* in Jelineks Text herausarbeitet (S. 44–47).

13 Für viele: Margarete Kohlenbach, »Montage und Mimikry. Zu Elfriede Jelineks *Wolken.Heim.*«, in: *Elfriede Jelinek*, hrsg. von Kurt Bartsch und Günther A. Höfler, Graz/Wien 1991, S. 121–153, hier S. 131–135.

quente Enthistorisierung der Zitate – bis hin zur fast durchgängig normalisierten Orthographie –, die unterschiedslos ineinander gefügt werden, verwirrt, solange man nicht akzeptiert, daß es in der Regel um eine Bewertung der verwendeten Autoren nicht geht; die Zitate sind nicht oder zumindest nicht primär der Gegenstand, sondern das Medium der Kritik. Was hinterfragt wird, sind die politischen Implikationen des deutschen Idealismus und der hymnische Ton der klassischen Literaturtradition. »Deutsch ist die Sprache der Dichtung und der Vernichtung«, heißt es in *Oh Wildnis, oh Schutz vor ihr.*[14] Während die Ungeheuerlichkeiten der jüngsten deutschen Geschichte sich ereigneten, standen die Täter zeitgleich nicht an, »ihren« Hölderlin und »ihren« Goethe – auf den Jelinek hier zugunsten der Konzentration auf die deutsche Romantik verzichtet, was mit dem Entstehungskontext im Rahmen des Kleist-Projektes zu tun haben dürfte – zu zitieren, zu rezitieren, zu verehren. Demontiert werden so die in der Rezeption zu sprachlichen und kulturellen Mustern erstarrten Standards des bürgerlichen Bildungsgutes, dem die Spuren der NS-Vergangenheit unauslöschlich eingeprägt sind. Indem die Unschuld auch jener nicht im Wortsinn dem NS-Diskurs einzuverleibenden Teile des Bildungskanons geleugnet wird, wird um ihre Rekonstruktion gerungen.

In diese Richtung deutet auch der ebenfalls im Text zu findende Verweis auf Walter Benjamins »Engel der Geschichte« (16). Angeregt duch Paul Klees Bild »Angelus Novus« beschreibt er ihn in seinem 1939/40 geschriebenen Essay *Über den Begriff der Geschichte* so: »Er hat das Antlitz der Vergangenheit zugewendet. Wo eine Kette von Begebenheiten vor u n s erscheint, da sieht e r eine einzige Katastrophe, die unablässig Trümmer auf Trümmer häuft und sie ihm vor die Füße schleudert. Er möchte wohl verweilen, die

14 E. J., *Oh Wildnis, oh Schutz vor ihr. Prosa*, Reinbek bei Hamburg: Rowohlt, 1985, S. 154.

Toten wecken und das Zerschlagene zusammenfügen. Aber ein Sturm weht vom Paradiese her, der sich in seinen Flügeln verfangen hat und so stark ist, daß der Engel sie nicht mehr schließen kann. Dieser Sturm treibt ihn unaufhaltsam in die Zukunft, der er den Rücken kehrt, während der Trümmerhaufen vor ihm zum Himmel wächst. Das, was wir den Fortschritt nennen, ist dieser Sturm.«[15] Der Trümmerhaufen ist real zu deuten als die Millionen vom Nationalsozialismus zerstörter und ermordeter Leben, die vom deutschen Eroberungskrieg verwüsteten Länder. Unmittelbar vor der zitierten Stelle spricht Benjamin in bezug auf das kulturelle Erbe aber auch eine andere Dimension dieses Trümmerhaufens an: »Die jeweils Herrschenden sind aber die Erben aller, die je gesiegt haben. [...] Es ist niemals ein Dokument der Kultur, ohne zugleich ein solches der Barbarei zu sein. Und wie es selbst nicht frei ist von Barbarei, so ist es auch der Prozeß der Überlieferung nicht, in der es von dem einen an den andern gefallen ist.«[16] Jelineks »zertrümmernde« Montage von Textpartikeln der deutschen Literatur- und Geistesgeschichte zwingt den Leser, sich den Trümmern der Geschichte ebenso zu stellen wie diesen Fragwürdigkeiten und Brüchen, die dem kulturellen Überlieferungsprozeß eingeschrieben sind.

In *Wolken.Heim.* findet sich nur in der geringeren Zahl der Fälle eine unverfälschte Wiedergabe des Zitats. Soweit die Originalzitate sich der vom Wir des Monologs repräsentierten Ausgrenzungsideologie widersetzen, werden sie entstellt, umgeschrieben, in ihr Gegenteil verkehrt; jene, die diese Ideologie einschließen, werden weitgehend unverändert übernommen, allenfalls mit zuspitzenden Phrasen ergänzt, der »Respekt vor der Zitierstelle« verhält sich über weite Strecken »umgekehrt proportional zur ›Reinheit‹ von

15 Walter Benjamin, *Über den Begriff der Geschichte*, in: W. B., *Gesammelte Schriften*, Bd 1.2, hrsg. von Rolf Tiedemann und Hermann Schweppenhäuser, 3. Aufl., Frankfurt a. M. 1990, S. 691–704, hier S. 697 f.

16 Ebd., S. 696.

deren Wiedergabe«.[17] Mühelos und ohne dem Autor Unrecht zu tun, fügen sich Passagen aus Heideggers Rektoratsrede von 1933[18] ein, sein Bekenntnis »zum geschichtlichen geistigen Auftrag des deutschen Volkes als eines in seinem Staat sich selbst wissenden Volkes« (24). Sehr nahe am Original sind auch die arroganten bis offen rassistischen Äußerungen über die Neger, über slawische und orientalische Kulturen aus Hegels *Vorlesungen über die Philosophie der Geschichte*[19] (z. B. 14 f.) und die kaum weniger bedenklichen Passagen aus Johann Gottlieb Fichtes *Reden an die deutsche Nation*[20]. Im Falle von Hegel wie Fichte sind die Zitate zwar semantisch relativ unverändert und insofern »authentisch«, aber zweifellos ginge eine Interpretation fehl, die die beiden Autoren auf die hier verwendeten Äußerungen zu reduzieren gedächte. Nicht nur, daß Diktion und Termini zur Zeit der Romantik zum Teil andere Inhalte und Bedeutungsebenen transportierten, enthielten die Werke von Hegel wie Fichte aus ihrer Zeit heraus auch ein Potential, das sich zu den hier in Frage stehenden ideologischen Entwicklungen gegenläufig verhält. Für alle diese wenig manipulierten Zitate von Heidegger, Hegel und Fichte und auch für diejenigen aus den Briefen der inhaftierten RAF-Mitglieder aus den Jahren 1973 bis 1977[21] gilt, daß sie hier sehr direkt, sehr konkret und sich selbst kommentierend stehen. Im Gesamtgefüge des Textes wirken sie wie Stopplichter. Die je eigene Sprechweise dieser vier Textquel-

17 Stanitzek (s. Anm. 5), S. 22.

18 Martin Heidegger, *Die Selbstbehauptung der deutschen Universität. Das Rektorat 1933/34*, Frankfurt a. M. 1983.

19 Georg Wilhelm Friedrich Hegel, *Werke. Auf der Grundlage der Werke von 1832–1848 neu edierte Ausgabe*, 20 Bde., Bd. 12: *Vorlesungen über die Philosophie der Geschichte*, Frankfurt a. M. 1986.

20 Johann Gottlieb Fichte, *Reden an die deutsche Nation*, 5., durchges. Aufl. nach dem Erstdr. von 1808, mit neuer Einl. von Reinhard Lauth, mit Literaturhinweisen und Reg., Hamburg 1978.

21 *das info. Briefe von gefangenen aus der raf aus der diskussion 1973–1977*, hrsg. von Pieter H. Bakker Shut, Kiel 1987.

len hebt sich dort, wo sie in längeren Passagen zitiert werden, vom Sprachfluß der stärker einmontierten und amalgamierten Hölderlin- und Kleist-Zitate abrupt ab, nur hier werden die Ränder der Zitate auch im Lesefluß greifbar, ohne Rechercheaufwand wird klar, daß eine andere Stimme spricht. Darüber hinaus finden sich über annähernd drei Viertel des Textes verteilt nicht auf den ersten Blick erkennbare Bezüge auf Hegel und Heidegger, die der Gemeinsamkeit in den Gedankengebäuden der beiden Philosophen – ihre immaterielle Konstruktion von Geschichte – nachspüren.[22]

Die Kleist-Zitate sind in den hymnischen Ton des Gesamttextes eingefügt, ihre Zahl scheint vergleichsweise gering,[23] für die Organisation des Textes kommt ihnen jedoch eine entscheidende Bedeutung zu. Eine der Motivketten, die den Text durchziehen, ist die Metapher der Untoten, die in Jelineks späterem Roman *Die Kinder der Toten* (1995) im Zentrum stehen wird. Ort der (Un)Toten ist der (Heimat)Boden, zugleich Symbol der verdrängten Schuld und Inbegriff diffuser Sehnsüchte nach Heimat und Geborgenheit. Untot sind die Opfer, die als ungesühnte Schuld genauso wie die Ideologie, die zu ihrer Ermordung führte, in die Gegenwart hereinreichen.[24] In *Wolken.Heim.* schreibt sich das Bild der Untoten zum einen – laut vorangestellter Selbstaussage der Autorin (5) – von Leonhard Schmeisers Essay *Das Gedächtnis des Bodens*[25] her, dem eine Reihe weiterer Zitate bzw. Zitate von Zitaten entnommen sind. Zum anderen findet sich eine Schlüsselstelle dazu in Heinrich von Kleists *Hermannsschlacht* (1808), ein Stück über den deutschen Gründungsmythos in der Schlacht im Teuto-

22 Vgl. dazu: Heike Fischer, *Materialistische Theoreme in ausgewählten Werken Elfriede Jelineks*, Aachen 1997, S. 190–230.

23 Einen umfassenden ersten Überblick über entschlüsselte Zitatstellen gibt Kohlenbach (s. Anm. 13), S. 144–147.

24 Vgl. dazu: Pflüger (s. Anm. 12), S. 216–221.

25 Leonhard Schmeiser, *Das Gedächtnis des Bodens*, in: *Tumult* (1987) H. 10, S. 38–56.

burger Wald, das der Vereinnahmung im deutschnationalen Sinn tatsächlich wenig entgegenhält. In Jelineks Text einmontiert ist allerdings keine der offen bedenklichen Passagen, in denen die Römer in erklärter kriegshetzerischer Absicht als Menschenjäger, geile apenninische Hunde und höhnische Drachenbrut tituliert werden, sondern der mehrmalige Bezug (22, 35) auf die Begegnung des römischen Feldherrn Quintilius Varus im Teutoburger Wald mit der Alraune (V. Akt, 4. Auftritt), der er die berühmten drei Fragen stellt: »Wo komm ich her? Wo bin ich? Wohin wandr' ich?« Die Antworten lauten in variierter Reihenfolge: »Aus Nichts«, »Ins Nichts«, »Hart zwischen Nichts und Nichts«. Die Alraune, dargestellt als ein Zwischending zwischen Mensch und Pflanze – bei Kleist ein altes Kräuterweib mit Krücke und Laterne –, ist wohl aufgrund ihres menschenähnlichen Wurzelstockes eine alte Zauberpflanze, deren Tradition in die Antike zurückreicht. Im deutschen Volksglauben tauchte die Sage auf, die Alraune entstünde unter dem Galgen vom Samen eines Gehängten, weshalb sie auch »Galgenmännlein« geheißen wurde – eine anregende (Denk)Figur für die Motivkette von Schuld / Blut und Boden / Wiedergängertum.

Wie schon in *Lust* kommt auch in *Wolken.Heim.* der Lyrik Hölderlins eine Sonderstellung im Textgefüge zu. Auf sie wird, was Umfang und Anzahl der verwendeten Texte betrifft, am häufigsten und am deformierendsten rekurriert. Als »höchste Ausformung der deutschen Sprache«[26] bot sich die Lyrik Hölderlins vielleicht auch deshalb besonders an, da Hölderlins Kompositionstechnik Verwandtschaft aufweist zu Jelineks eigenen poetischen Verfahrensweisen.[27]

26 Riki Winter, »Gepräch mit Elfriede Jelinek«, in: Bartsch/Höfler (s. Anm. 13), S. 13 f.

27 In ihrem 1991 erschienenen Text *Totenauberg*, der den Diskurs aus *Oh Wildnis, oh Schutz vor ihr* und *Wolken.Heim.* weiterführt, findet sich auch der ironische Selbstkommentar: »Fünf Jahre mindestens werde ich jetzt Hölderlin nicht mehr zitieren« (E. J., *Totenauberg. Ein Stück*, Reinbek bei Hamburg: Rowohlt, 1991, S. 30).

Hölderlins Sprachrhythmus wirke auf sie »wie ein Herzschrittmacher oder ein Metronom«, erklärt Elfriede Jelinek in einem Interview.[28] Im Fall Hölderlins stellt sich auch die Frage nach »Gerechtigkeit« im Umgang mit den Hypotexten[29] am schärfsten. Zwar ist er der Verfasser der später so genannten »vaterländischen Gesänge«, deren Sprachlichkeit wie Aussagerichtung aber ist aus dem Zeitkontext ihrer Entstehung her völlig anders zu werten, und sein leidenschaftlicher Republikanismus ist mit der Intention des neuen Kontextes kaum kompatibel. Steht die Unschuld des Hypotextes hier im wesentlichen außer Frage, gilt das nicht für die Rezeption. Die pietätlosen Verfälschungen und Umschreibungen, die Jelinek gerade an Hölderlins Versen vornimmt, sind so auch zu lesen als Sichtbarmachung der Enteignung dieses Autors durch bildungsbürgerliche und später nationalsozialistische Vereinnahmung. Jelineks ahistorische Deformierung der Hölderlinschen Lyrik wiederholt die ahistorische Lektüre der nationalsozialistischen Indienstnahme, wodurch dieser Teil der Rezeptionsgeschichte scharf konturiert wird. Für Dieter Burdorf verweisen Jelineks Hölderlinzitate »gerade durch ihre verfremdete Gestalt auf das Original. Dessen utopisches und emanzipatorisches Potential, die in ihm entworfenen Bilder vom herrschaftsfreien Zusammenleben der Menschen, der Versuch, Subjektivität mit Mitteln der Literatur gegen alle gesellschaftlichen Widerstände zu entwerfen und zu bewahren, wird in Jelineks Prosatexten nicht etwa denunziert oder destruiert, sondern in der Negation gerade festgehalten«.[30]

28 Franz Fend / Wolfgang Huber-Lang, »›Eine lautlose Implosion‹. Ein Gespräch mit Elfriede Jelinek«, in: *Phönix* (1994) H. 73, S. 4 f., hier S. 5.

29 Zu den Begriffen ›Hypotext‹ und ›Hypertext‹ vgl. Gérard Genette, *Palimpseste. Die Literatur auf zweiter Stufe*, aus dem Franz. von Wolfram Bayer und Dieter Hornig, Frankfurt a. M. 1993, S. 14–21.

30 Dieter Burdorf, »›Wohl gehn wir täglich, doch wir bleiben hier.‹ Zur Funktion von Hölderlin-Zitaten in Texten Elfriede Jelineks«, in: *Sprache und Literatur in Wissenschaft und Unterricht* 21 (1990) H. 2, S. 29–36, hier S. 36.

Anders ausgedrückt: »*Wolken.Heim.* zitiert gar nicht Hölderlin, sondern Hölderlin-Begeisterung«.[31]

Die Lyrik Hölderlins bedurfte für die Indienststellung in *Wolken.Heim.* der radikalsten Eingriffe und Umschreibungen. In den Hymnen und Gesängen im antiken Metrum und mit mythologischem Thema, die Jelinek ebenso und ebenso häufig wie die Gedichte an Deutschland verwendet, mußte die grundlegende und dem jeweiligen Gedicht Richtung und Gehalt gebende geographische wie kulturelle Verortung umgepolt werden. Liest man die neue Kontextuierung als Kommentar zu Hölderlins Gedichten und nicht zur Rezeption seiner Gedichte, wäre der Vorwurf einer »Fixierung der Gedichte Hölderlins auf eine narzißtische Germanophilie«[32] zweifellos gerechtfertigt. Der radikalste und flächendeckendste Eingriff bei allen Zitaten ist aber die Tilgung des lyrischen Ich und die gewaltsame Inthronisierung des monologisierenden Wir, das unaufhörlich »sprachliches Fremdgut«[33] ohne Ansehen der Person des Urhebers reproduziert und mit Partikeln ideologischer Propagandaphrasen versetzt. Dieses Wir »schluckt sozusagen alles, was es an sprachlichem Material bekommen kann, und nimmt es ohne Rücksicht auf seinen historischen und ideengeschichtlichen Status in Besitz«.[34] Damit denunziert der Text als ganzes »eine Sprache, die sich alles und jedes – vom faschistischen bis zum RAF-Diskurs – einzuverleiben vermag, indem sie es enthistorisiert und damit mystifiziert«.[35] Im Sinn von Roland Barthes ist die Sprache von *Wolken.Heim.* mythisierend, da sie »sich von vergangenen Sprachmustern ›nährt‹, sie deformiert und zugleich künstlich – als Stereotyp – am Leben erhält«; die Mythen werden »nicht nur destruiert, sondern es wird auch umgekehrt der sprachliche

31 Stanitzek (s. Anm. 5), S. 17.
32 Kohlenbach (s. Anm. 13), S. 151.
33 Helwig (s. Anm. 4), S. 390.
34 Janz (s. Anm. 1), S. 124.
35 Ebd.

Prozeß der Mythisierung selbst dargestellt und zum Thema gemacht«.[36] Der vampiristische Aspekt dieses Sprachflusses verankert das Motiv des Wiedergängertums auch in der Sprache des Wir, das vorgefertigtes Sprachmaterial für seine Zwecke auf- und aussaugt und zur entindividualisierten Wiederkehr zwingt.

Dieses Wir erhebt seine Stimme zu Beginn des ersten Abschnitts, der von Duktus wie Inhalt her als eine Art Auftakt vom Folgenden abgehoben ist. »Da glauben wir immer, wir wären ganz außerhalb.« Dieser erste Satz – er entstammt sinngemäß der Heideggerschen Interpretation von Hölderlins Gedicht *Wie wenn am Feiertage …*[37] – scheint bescheiden aufzutreten, spricht aber mit dem Verweis auf das Bild des im imperialistischen Verteilungskampf um die Weltherrschaft zu kurz gekommenen Volkes einen Kernpunkt der deutschen Misere an. Den ganzen Text durchziehen die tautologischen Aussagen dieses Wir, das sich verbal ständig in beschwörender Selbstverherrlichung seine Existenz bestätigen muß und sie mit der manischen Wiederholung hohler Phrasen doch nie zu fassen bekommt. Im Gegensatz zu den folgenden Abschnitten ist die zeitliche Verortung hier eindeutig in der Gegenwart festzumachen. »Ein schönes Gefühl, in der Nacht über unsre Autobahnbrücken zu fahren, und unten strahlt es aus den Lokalen: noch mehr Menschen wie wir! Ein heller Schein. Die Figuren, Fremde wie wir, […] es strotzt vor lauter Zeichen von uns.« (9) Da scheint sich ein unverdächtiges Wir-Gefühl zu äußern, das nicht an Ausgrenzung des Fremden denkt. Der abstrakte prometheische Stolz auf die Leistungen der menschlichen Zivilisation, der sich hier artikuliert, paraphrasiert eine Stelle aus Hölderlins *Wie wenn am Feiertage …*, das auf den folgenden Seiten wiederholt eingespielt wird: »Und wie im Aug' ein Feuer dem Manne glänzt, / Wenn hohes er entwarf, so ist /

36 Ebd., S. 129.
37 Vgl. dazu: Fischer (s. Anm. 22), S. 195 f.

Von neuem an den Zeichen, den Taten der Welt jetzt / Ein Feuer angezündet in Seelen der Dichter« (V. 28–31).[38]

Im letzten Satz des Auftaktes wird dann das Grundthema angeschlagen, das durch kreisende Wiederholung und Variation im Fortgang des Textes immer beherrschender wird: »Jetzt sind wir zuhaus und erheben uns ruhig« (9), gleich zu Beginn des nächsten Abschnitts ausgebaut zu: »[...] wir sind bei uns. Wo lebt Leben sonst? Schön bei sich zu sein.« Der mittlere Satz ist Hölderlins Ode *Die Liebe* entlehnt, wo es als Hommage an »die Seele der Liebenden« heißt: »Denn o saget, wo lebt menschliches Leben sonst« (V. 4). Nach einem wörtlichen Zitat aus *Wie wenn am Feiertage ...*, das mit »und fern noch tönet der Donner« (V. 4) endet, folgt unvermutet der Satz »Wir schaudern vor den andren«. Semantisch wie sprachlich sind die beiden Sätze eigentlich unverbunden, dennoch färbt der Donner aus Hölderlins Gedicht, der hier ganz unzweideutig Teil der Beschreibung eines Morgens nach einem Sommergewitter ist, auf den xenophoben Schauder ab bzw. erhält der Donner vom folgenden Satz her eine semantische Zuschreibung, die ihn als akustische Erinnerung an drohende Attacken fremder Völkerschaften erscheinen läßt. Das ist eine der Verfahrensweisen im Umgang mit den verwendeten Hypotexten. Eine zweite folgt unmittelbar darauf: »Wir führen uns ebene Wege. Wir weichen nicht aus, denn wir gehören uns.« Der erste Satz ist Hölderlins Gedicht *Lebenslauf* (»Größers wolltest auch du ...«) entliehen, sein Sinn wurde allerdings ins Gegenteil verkehrt, denn bei Hölderlin steht: »[...] Denn nie, sterblichen Meistern gleich, / Habt ihr Himmlischen, ihr Alleserhaltenden, / Daß ich wüßte, mit Vorsicht / Mich des ebenen Pfads geführt.« (V. 9–12) Der deformierende Eingriff betrifft die zweimalige Inthronisie-

38 Eine Umschreibung dieser Gedichtverse ist etwas später direkt eingebaut (10). Die Versangaben von Hölderlins Gedichten beziehen sich auf: Friedrich Hölderlin: *Gedichte*, hrsg. von Gerhard Kurz in Zs.-Arb. mit Wolfgang Braungart, Nachw. von Bernhard Böschenstein, Stuttgart 2000.

rung des Wir als Ersatz für Hölderlins lyrisches Ich ebenso wie für die »Himmlischen« und die Tilgung der Negation. Das Wir ist sein eigener Führer, die Wege haben eben zu sein, Umwege sind nicht vorgesehen.

Arbeiten diese beiden Verfahrensweisen mit bewußt verfälschenden Eingriffen in den Hypotext, sei es durch Transponierung in einen verzerrenden Kontext oder durch direkte semantische Umschreibung bzw. Verkehrung, bringt der Beginn von Abschnitt 3 einen weiteren Variationstyp: »Das Licht scheint auch den Toten, aber wir machen uns breit drunter, liebliche Gärten.« (10) »Licht der Liebe! scheinest du denn auch Toten, du goldnes!« (V. 29), so lautet der erste Vers der dritten Strophe in *Menons Klagen um Diotima*. Auch unter Weglassung des Originalkontextes der Trauer um eine verlorene Geliebte enthält die Phrase »Das Licht scheint auch den Toten« ein poetisches Potential des Trostes, dem die Formulierung »aber wir machen uns breit drunter« sprachlich wie semantisch entgegengesetzt wird. Die angehängten »lieblichen Gärten« sind Hölderlinscher Ton, ohne daß eine konkrete Gedichtzuschreibung möglich oder sinnvoll wäre, da Hölderlin bestimmte, ihm eigene aber auch zeittypische lyrische Versatzstücke wiederholt verwendet. Zum Unterschied der ersten beiden Verfahrensweisen geht es hier nicht um den verfälschenden Eingriff in Semantik oder Wortlaut des Hypotextes, sondern um die Konfrontation des hohen Tons mit der bedrohlichen Aggressionsbereitschaft des kollektiven Wir.[39] Ein charakteristisches Beispiel für diesen Verwendungstyp findet sich in Zusammenhang mit einem Textzitat aus den Briefen der RAF: »In unserm Haus sind aber auch diese nicht Fremde. Sie leben dreifach, eben wie auch die ersten Söhne des Himmels. Hier schnallen sie uns jetzt fest. So ists einfach eine

39 Zum Variationsreichtum und zur Komplexität von Jelineks Zitationsverfahren vgl.: Dorothee Lossin, *Aspekte parodistischer Intertextualität. Eine Untersuchung zu Elfriede Jelineks »Wolken.Heim.«* Mag.-Arb., Berlin 1994; Stanitzek (s. Anm. 5).

Anweisung geworden, keinen mehr sterben zu lassen, ohne mit allen Mitteln so eine Entwicklung durch Gegenpropaganda neutralisieren zu können.« (29) Das ist eine wörtliche Passage aus Hölderlins *Am Quell der Donau* (V. 73 f.: »Sie leben dreifach, eben wie auch / Die ersten Söhne des Himmels«), die in dieser auf verbindende Eingriffe verzichtenden Konfrontation mit einem Zitat aus den Briefen der RAF die Diskussion rund um Isolationshaft, Hungerstreik und die Praxis der Zwangsernährung kommentiert.

Das in Abschnitt 1 (»jetzt sind wir zuhaus«) und 2 (»wir sind bei uns«) angeschlagene Thema wird im Textfortgang mit zunehmender Penetranz und steigender Aggressivität verdichtet und variiert. Abschnitt 3 bringt mit dem ersten Rekurs auf Hegel eine ideologische Vertiefung: »[...] der Geist aber ist das Bei sich selbst Sein. Wie wir. Wie wir. Zuhaus sein. Bei sich sein« (10). Wenig später folgt der erste ausgesprochene Bezug auf das Bild der Untoten in direkter Verbindung zur nationalsozialistischen Vergangenheit: »Zuhaus sein, von dort die andern sehn mit ihren stumpfen Stirnen, begraben im Boden wie Gold, Untote, wir aber sind zuhaus, wo wir hinwandeln zwischen Himmel und Erd und unter den Völkern das erste.« (10 f.) Diese Passage enthält in extremer Komprimiertheit die semantische Integration von nationalsozialistischer Rassenideologie (»stumpfe Stirnen«), germanischer Heldenmythologie (die Sage vom Kyffhäuser ebenso wie vom Hort der Nibelungen), den ersten Verweis auf das Fortleben völkischer, fremdenfeindlicher Ideologie und die bildungsbürgerliche Phrase für die Schöngeister unter den Anhängern und Mitläufern des NS-Regimes, die sich von der barbarischen Propaganda-Phraseologie nicht angesprochen fühlten. Bei Hölderlin sind es allerdings »die Kräfte der Götter« V. 36), die »Hinwandeln zwischen Himmel und Erd und unter den Völkern« (*Wie wenn am Feiertage ...* «, V. 42).

Die Schlußpassage von Abschnitt 3 »Wir bezeugen uns: wir sind hier. / Uns gehören wir« ist mit dem hier noch abstrus klingenden Besitzanspruch des Wir auf sich selbst – das durch Einrückung im Druckbild eine zusätzliche Betonung erfährt – als Anspielung auf Eroberungskrieg und Arisierung lesbar. »Wir sitzen selig mitten im Leid. [...] Doch die Jahre der Völker, sah ein sterbliches Auge sie? Haben wir sie verkürzt, daß sie tiefer sich beugen, daß die leisesten Saiten ihnen verstummen vor uns? Daß enden mögen mit Freuden sie vor uns? Oder geduldig auch wohl im furchtsamen Bann wohnen, vor uns?« (11). Das ist mit einer Umschreibung von Versen aus Hölderlins *An die Deutschen* (»Spottet nimmer des Kinds ...«; V. 31 f.) ein beschönigender Verweis auf den Genozid am jüdischen Volk, der explizit im Text nicht vorkommt.[40] Das dreimalige »Wir aber wir aber wir aber« auf der Folgeseite leitet eine weitere Verschärfung des aggressiven Tons ein. Unmittelbar darauf folgen Hölderlins berühmte Verse »[...] auch wir sind / Tatenarm und gedankenvoll! // Aber kommt, wie der Strahl aus dem Gewölke kommt, / Aus Gedanken vielleicht, geistig und reif die Tat?« aus *An die Deutschen* (»Spottet nimmer des Kinds ...«; V. 3–6), das leitmotivisch eingesetzt auf die Gefährlichkeit der Rede des Wir verweist (12, 21, 22). Im abschließenden zweimaligen »[...] wir sind hier zuhaus! Wir sind hier zuhaus« (12) wirkt das Ausrufungszeichen vor der Wiederholung wie eine typographische Drohgebärde, die die Richtung der »reifenden Tat« beschreibt. Abschnitt 5 bringt als neues Thema den eigenen Boden ein, auf dem die anderen »nicht das Sagen« haben (13). Auch das ist eine Paraphrase auf einen Hölderlinschen Vers mit eingebautem »Lesefehler«. Im Gedicht *Der Frieden* heißt es nämlich: »[...] und es hat auf / Eigenem Boden der Mann nicht Segen« (V. 43 f.). Assoziationsketten entlang sprachlicher »Fehlleistungen« durch geringfügige lautliche Verän-

40 Wohl aber finden sich Anspielungen auf die Arisierung jüdischen Eigentums, wie etwa: »Wir gehören uns und behalten alles. [...] Und schauen in fremde Wohnungen, betasten alles und nehmen uns auf. Es gehört uns. Wartet nur!« (16)

derungen am Wort (Sagen/Segen), durch die in der Sprache verborgenen Schichten und Bedeutungen nachgespürt wird, sind ein weiterer Variationstyp in Jelineks Montageverfahren, der vor allem in *Oh Wildnis, oh Schutz vor ihr* seine ganze Meisterschaft entfaltet.

Alle nunmehr angeschlagenen Themenelemente werden in der Folge variiert, ausgeweitet und paraphrasiert. In den Abschnitten 6 und 7 finden sich die ersten längeren und deutlich im Text sich abhebenden Passagen von Hegel (über die »Neger«, 14; über die weltgeschichtliche Bedeutung des germanischen Reiches, 15; über die slawische Nation, 16). Gleichsam instrumentierend dazu häufen sich die Wiederholungen der Phrasen der Grundthemen: das Bei-sich-Zuhause-Sein, der Besitzanspruch, der die ganze Welt umfaßt, inklusive der göttlichen Instanz: »Wir sind wir! Gott dort droben, er gehört uns!« (15), »Wir gehören uns und behalten alles« (16), und die immer offensivere Abgrenzung gegen alles andere, Fremde: »Wir sind hier. Dort sind die andern. Aber wir nicht, wir nicht! Wir gehören uns« (14), »Wir sind nicht die andren« (14), »Die müssen fort!« (14). Abschnitt 9 bringt in Anschluß an den ersten Rekurs auf Fichte nach einem beschwörenden dreimaligen »Wir wir wir!« die definitive Bestimmung des kollektiven Wir: »Deutsche! Deutsche! Deutsche!« (20), das in dieser Notation schon bei der Lektüre das Hörbild eines Volksempfängers assoziieren läßt, den die Autorin für die Bühneninszenierung vorsah.[41] Ein zweiter strukturierender Einschnitt erfolgt in Abschnitt 15, wo erstmals aus den Briefen der RAF aus der Zeit der Isolationshaft zitiert wird (25). Die Verwendung dieser Zitate bringt nicht nur die Frage nach Rekursen der RAF auf Pathos und Ideologie der Romantik als Thema ein, sondern auch jene nach dem

41 Anke Roeder, »›Ich will kein Theater – Ich will ein anderes Theater‹. Gespräch mit Elfriede Jelinek«, in: *Autorinnen. Herausforderungen an das Theater*, hrsg. von A. R., Frankfurt a. M. 1989, S. 141–160, hier S. 156. (Gekürzte Fassung auch in: *Theater heute*, 1989, H. 8, S. 30–32, hier S. 32.)

Zustand der deutschen Gesellschaft angesichts ihrer Reaktion auf die Terroranschläge der RAF. Das ist der Einbezug eines jüngeren Kapitels verdrängter deutscher Geschichte, »das man einfach weggesperrt hat«.[42] Zitiert wird in diesem Themenfeld Hölderlins Beschreibung von politischer Stagnation als der »bleiernen Zeit« (*Der Gang aufs Land*, V. 6; hier 27), ein Bild, das auch Margarethe von Trotta für ihren gleichnamigen Film aus dem Jahr 1981 als Chiffre für den »deutschen Herbst« des Jahres 1977 verwendete. Die bewaffneten Aktionen der RAF-Gruppe um Andreas Baader, Ulrike Meinhof und Gudrun Ensslin in den 70er Jahren mit dem Höhepunkt 1977 (Entführung des deutschen Arbeitgeberpräsidenten Hanns-Martin Schleyer und einer Lufthansa-Maschine nach Mogadischu), hatte zur Jagd auf potentielle Sympathisanten der Terroristenszene geführt, die nach Radikalenerlaß (1972) und Berufsverbotspraxis mit den Terroristengesetzen von 1977 in der Installierung des Überwachungsstaates mündete.

Die letzten Worte von *Wolken.Heim.* zitieren noch einmal Hölderlins Ode *Die Liebe*, mit der in Abschnitt 2 die direkten Bezugnahmen auf Hölderlins Lyrik einsetzten und das dazwischen nicht mehr verwendet wurde. Der Eindruck einer kreisförmigen Komposition wird verstärkt durch die Rückkehr zur Schreib- bzw. Rezeptionsgegenwart, die an den Gegenwartsbezug des Auftaktes anknüpft: »Und bei des Fremdlings besonderer Stimme stehen die Herden auf. Wir sehen ihn nicht, und gesellte er sich auch zu uns, im Winde klirrten die Fahnen. Bis heute wäre er namlos, ewig hinab in die Nacht verwiesen. Verstummt unter uns Lebenden. Wir aber. Wir aber. Wir schauen mit offenen Augen und suchen immer nur uns. Wachsen und werden zum Wald.« (35) Hier ist der dröhnende Ton, im Lesevorgang sichtbar in der massiven Verwendung des Ausrufungszeichens, verhaltener geworden, das »gesellte er sich auch zu

42 Fend/Huber-Lang (s. Anm. 28), S. 5.

uns« verweist auf das christliche Bild von der Wiederkehr Jesu. Die bei Hölderlin auf »Wachs und werde zum Wald!« (V. 25) folgenden versöhnlichen, hoffnungsvollen Verszeilen sind abgeschnitten, die mythisch aufgeladenen Bäume des deutschen Waldes scheinen ungehemmt in den Himmel wachsen zu wollen. Für Elias Canetti ist der »marschierende Wald«[43] das charakteristische Massensymbol der Deutschen, als dunkles Reich der Geister ist der Wald auch ein Bild »auf die Geschichte, die sozusagen nie ruht, die immer wieder, wie in der Legende, aus dem Boden wächst«.[44] Doppeldeutig wirkt der grammatikalische Bezug des namenlosen »er«. Im Textfluß scheint es sich zunächst auf den zuletzt erwähnten »Fremdling« (aus Hölderlins *Ganymed*, V. 16) zu beziehen, nach dem Rekurs auf Hölderlins Gedicht *Hälfte des Lebens* (»[...] im Winde / Klirren die Fahnen«, V. 13 f.), wird die Interpretation möglich, das »er« meine Friedrich Hölderlin selbst.[45] Es ist übrigens genau jenes Hölderlin-Gedicht, das Jean Améry wählt, um den radikalen Verlust des deutschen Bildungshintergrunds für den jüdischen Intellektuellen im KZ zu beschreiben, denn »was immer er anzurufen suchte, gehörte nicht ihm, sondern dem Feind«.[46]

In dem Maß, wie der gesamte Text durch die mit Wiederholung, Variation, Augmentation, Umkehrung, Kontraktion und Erweiterung präzise arrangierten parataktischen Ausrufungen und Beschwörungen des Wir seinen Zusammenhalt und seine Sinngebung erfährt, erhält die Rede dieses Wir dadurch ihren Charakter des Gestammels und der Reproduktion hohler Sprachhülsen und kurzatmiger Pro-

43 Elias Canetti, *Masse und Macht*, München/Wien 1995, S. 202. Zur Bedeutung des Waldes für das Nationalbewußtsein der Deutschen vgl. auch Inka Tappenbeck, *Phantasie und Gesellschaft. Zur soziologischen Relevanz der Einbildungskraft*, Würzburg 1999, S. 148 f.

44 Fend/Huber-Lang (s. Anm. 28), S. 4.

45 Vgl. dazu Kohlenbach (s. Anm. 13), S. 136.

46 Jean Améry, *Jenseits von Schuld und Sühne. Bewältigungsversuche eines Überwältigten*, München 1988, S. 22.

pagandaphrasen. Die Wiederholungen und Abwandlungen der ewiggleichen Floskeln funktionieren wie musikalische Schleifen und erwecken den Eindruck eines Sprechens, das ebensowenig von der Stelle zu kommen scheint wie das Wir: »Wohl gehn wir täglich, doch wir bleiben hier« (33). Mitunter bleibt eine Passage grammatikalisch unabgeschlossen und mündet wie eine hängengebliebene Schallplatte in eine reduplizierte Floskel: »Des Vaters Strahl, der reine, versengt uns nicht und tieferschüttert, die Leiden des Stärkeren mitleidend, bleibt in den hochherstürzenden Stürmen des Gottes, wenn er uns naht wenn er uns naht« (10). Hölderlins Versschluß »[bleibt ...] das Herz doch fest« (*Wie wenn am Feiertage ...*, V. 66) ist nicht zu finden, so als würde ein Schüler verzweifelt versuchen, ein mühselig auswendiggelerntes Gedicht herzuleiern. Die Einbindung der repetitiv dazwischengeschalteten wortklingelnden Rede des Wir in den hohen Ton des Umgebungstextes konterkariert nicht nur die obsessive und zugleich hilflose Versessenheit auf Geist und Tiefe, sondern kommentiert auch die Problematik ahistorischer bildungsbürgerlicher Rituale. Diese den hohen Ton der implantierten Hypotexte kontrastierende Banalität wird verstärkt durch eine Reihe sprachspielerischer Bezüge zu Phrasen und Zitaten aus gesunkenem Kulturgut. Die in den Besprechungen häufig herausgegriffene Wendung »Es rinnt uns Geist von der Stirne« (11) spielt mit »Von der Stirne heiß / Rinnen muß der Schweiß« (V. 5 f.) aus Friedrich Schillers *Lied von der Glocke* an, auch wenn gleichzeitig ein Bezug zu einem Vers aus Hölderlins *Elegie*, der ersten Fassung von *Menons Klagen um Diotima* besteht. In der Wendung »Wir wären uns gewohnt und wohnten unter uns« (10) ist das dem katholischen Ave-Gebet *Der Engel des Herrn* entnommene »Und das Wort ist Fleisch geworden / Und hat unter uns gewohnt« mitzuhören. In Hegels Entgleisung gegen die Neger ist das Verdikt »oder er kann gehn« (15) aus Schillers *Die Verschwörung des Fiesco zu Genua* eingebaut.

Diese Ebene des Textes akzentuiert Peer Raben in seiner 1992 produzierten Hörspiel-Fassung von *Wolken.Heim.*,[47] indem er den hohen Ton durch drastische Reduktion der klassischen Zitate und sprachliche Verschleifung zurücknimmt und den Text als normale Alltagsrede inszeniert, deren Gewaltpotential erschreckt und vor allem erschreckend »normal« wirkt. Dem Text gerechter wird vielleicht der Versuch einer audio-typographischen Gestaltung und Interpretation, die der Steidl Verlag 1993 herausbrachte.[48] Die Anordnung der Sätze folgt dem Sprachrhythmus des auf der beiliegenden CD von Barbara Nüsse gesprochenen (geringfügig gekürzten) Textes, woraus eine Art visuelles Klangbild entsteht, das der hohen Musikalität und Rhythmik des Stücks folgt.

Evelyne Polt-Heinzl

47 E. J., *Wolken.Heim. Hörspielbearbeitung*, Regie: Peer Raben. HR/BR/SFB 1992.

48 E. J., *Wolken.Heim. Mit einer CD, gesprochen von Barbara Nüsse*, Gestaltung: Klaus Detjen, Göttingen: Steidl, 1993. [Mitschnitt einer öffentlichen Lesung in Göttingen.]

Inhalt